Manoel Benedito Rodrigues

Geometria Analítica
Caderno de Atividades
Volume 1

4ª Edição

Editora
Policarpo

2020

Coleção Vestibulares

Matemática no Enem

Português no Enem

Coleção Exercícios de Matemática (Ensino Médio)

Volume 1: Revisão de 1º Grau

Volume 2: Funções e Logaritmos

Volume 3: Progressões Aritméticas e Geométricas

Volume 4: Análise Combinatória e Probabilidades

Volume 5: Matrizes, Determinantes e Sistemas Lineares

Volume 6: Geometria Plana

Cadernos de Atividades (Ensino Médio)

Números Complexos

Polinômios e Equações Algébricas

Trigonometria – vol. 1 e 2

Geometria Espacial – Vol. 1, 2 e 3

Geometria Analítica – Vol. 1 e 2

Ensino Fundamental I

Matemática para o Ensino Fundamental - Cad. At. 2º ano

Matemática para o Ensino Fundamental - Cad. At. 3º ano

Matemática para o Ensino Fundamental - Cad. At. 4º ano

Matemática para o Ensino Fundamental - Cad. At. 5º ano

Ensino Fundamental II

Exercícios de Matemátca - Cad. At. EFII - 6º ano

Exercícios de Matemá-tca - Cad. At. EFII - 7º ano

Exercícios de Matemátca - Cad. At. EFII - 8º ano

Exercícios de Matemátca - Cad. At. EFII - 9º ano

Geometria para Ensino Fundamental II

Matemática para o Ensino Fundandamental - Cad. At. 6º ano vol. 1 e 2

Matemática para o Ensino Fundamental - Cad. At. 7º ano vol. 1 e 2

Álgebra para o Ensino Fundamentantal - Cad. At. 8º ano vol. 1 e 2

Álgebra para o Ensino Fundamentantal - Cad. At. 9º ano vol. 1 e 2

Geometria Plana - 8° ano

Geometria Plana - 9° ano

Digitação, Diagramação : Sueli Cardoso dos Santos - suly.santos@gmail.com
Elizabeth Miranda da Silva - elizabeth.ms2015@gmail.com

www.editorapolicarpo.com.br   -   email: contato@editorapolicarpo.com.br

---

Dados Internacionais de Catalogação, na Publicação (CIP)
(Câmara Brasileira do Livro, SP, Brasil)

Rodrigues, Manoel Benedito

Matémática / Manoel Benedito Rodrigues.
- São Paulo: Editora Policarpo, **4.ed. 2020.**
ISBN: 978-85-7237-006-6

1. Matemática 2. Ensino Médio
I. Rodrigues, Manoel Benedito II. Título.

Índices para catálogo sistemático:

Todos os direitos reservados à:
EDITORA POLICARPO LTDA
Rua Dr. Rafael de Barros, 175 - Conj. 01- São Paulo - SP - CEP: 04003 - 041
email: contato@editorapolicarpo.com.br
Tel./Fax: (011) 3288 - 0895
Tel.: (011) 3284 - 8916

Índice

I - Coordenadas cartesianas no plano

1) Coordenadas de um ponto..1
2) Pontos sobre um eixo..2
3) Quadrantes...3
4) Bissetrizes dos quadrantes..3
5) Gráfico de uma condição..5
6) Ponto médio de um segmento..11
7) Razão em que um ponto divide um segmento..12
8) Baricentro de um triângulo..14
9) Distância entre dois pontos..22
10) Equação de uma circunferência...29
11) Posição entre um ponto e uma circunferência..31

II - Reta

1) Ângulo entre uma reta r e o eixo das abscissas..61
2) Coeficiente angular ou declividade de uma reta...61
3) Coeficiente angular da reta determinada por dois pontos dados.......................62
4) Condição de alinhamento para três pontos..63
5) Equação geral da reta..67
6) Reta horizontal..68
7) Reta vertical..69
8) Reta oblíqua que passa pela origem O(0, 0)..69
9) Coeficiente angular da reta $ax + by + c = 0$...70
10) Equação reduzida da reta..70
11) Equação segmentária da reta..74
12) Equações paramétricas da reta..75
13) Equação da reta que passa pelo ponto P e tem coeficiente angular m............75
14) Retas paralelas..82
15) Retas perpendiculares...83
16) Posições relativas entre duas retas..94
17) Feixe de retas paralelas...97
18) Feixe de retas concorrentes..98
19) Área de um triângulo..99
20) Ângulo entre duas retas..118

Testes de Vestibulares..140

I COORDENADAS CARTESIANAS NO PLANO

1) Coordenadas de um ponto

Já sabemos que a cada ponto de um eixo corresponde um número real e que a cada número real corresponde um ponto do eixo. Se consideramos um eixo contido em um plano, para cada ponto do plano podemos fazer corresponder um número desse eixo, que podemos convencionar como sendo a projeção ortogonal desse ponto sobre o eixo.

Note que adotando este método, ao dizermos que um ponto A tem coordenada x_A, não conseguimos localizá-lo no plano, pois, todos os pontos do plano pertencentes à reta perpendicular ao eixo **x**, por A, terão essa mesma coordenada.

Agora, se dissermos que o ponto está acima ou abaixo do eixo (considerando que o eixo x é horizontal) e está a uma determinada distância desse eixo, aí então conseguiríamos localizá-lo. Para isso, faremos o seguinte: Vamos considerar em um plano dois eixos perpendiculares, com origens coincidentes e a mesma unidade adotada para ambos.

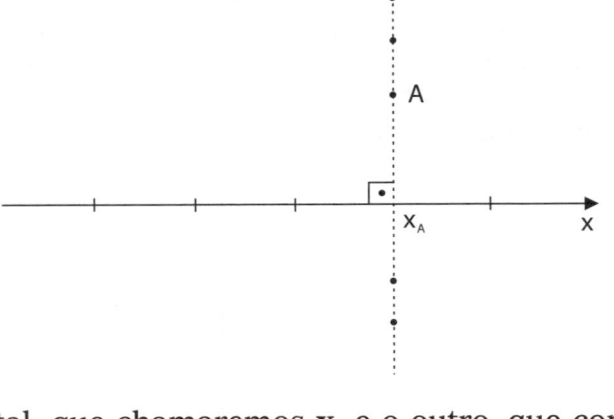

Vamos considerar um deles como sendo horizontal, que chamaremos **x**, e o outro, que como é perpendicular ao primeiro, obviamente será vertical que chamaremos **y**. Adotamos como sentido positivo o da esquerda para a direita, para o eixo **x** e de baixo para cima para o eixo **y**.

De acordo com o teorema: "Em um plano, por um ponto dado, podemos conduzir uma única reta, perpendicular a uma reta dada", podemos afirmar que dado um ponto P, existe um único par ordenado (x_P, y_P) de números reais, que são os números associados às projeções ortogonais de **P** sobre os eixos x e y, respectivamente e, reciprocamente, dado um par ordenado (x_P, y_P) de números reais, existe um único ponto do plano, que é obtido pela intersecção das retas perpendiculares aos eixos x e y, conduzidas respectivamente pelos pontos x_P e y_P.

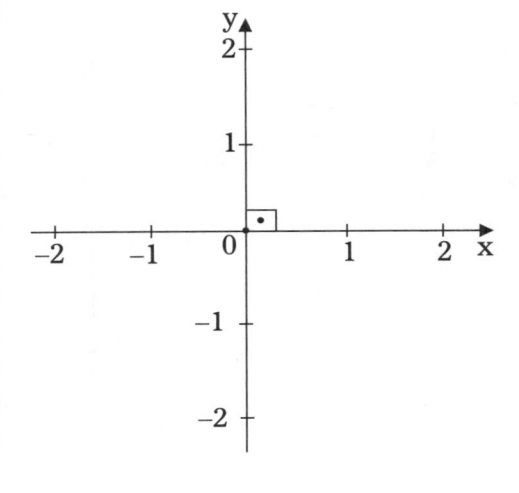

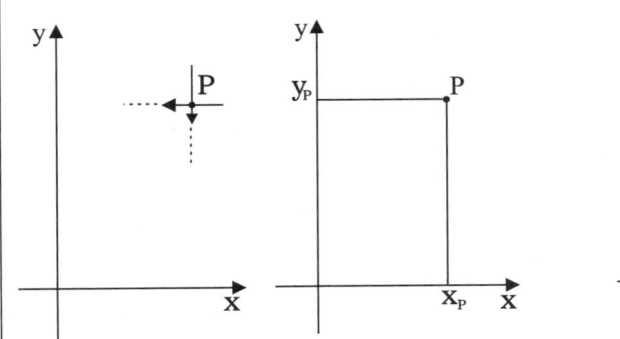

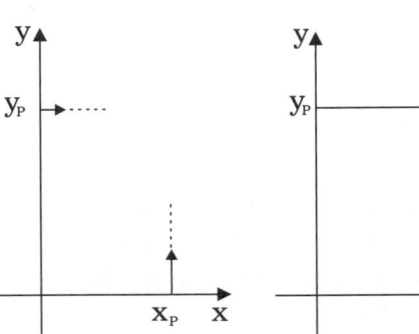

Os números x_P e y_P são chamados, respectivamente, coordenada-x e coordenada-y do ponto P.

x_P será também chamado 1ª coordenada de **P** ou apenas abscissa do ponto **P**. Portanto o eixo x será chamado eixo dos x ou eixo das abscissas.

y_P será também chamado 2ª coordenada de P ou apenas ordenada do ponto P. Portanto o eixo y será chamado eixo dos y ou eixo das ordenadas.

Se a abscissa de um ponto **P** for **a** e a ordenada for **b** convenciona-se que a notação para este fato é qualquer uma das seguintes:

P ↔ (a, b) ou P = (a, b) ou P(a, b) ou $x_P = a$ e $y_P = b$.

O 1º elemento do par ordenado será sempre a abscissa do ponto e o 2º elemento será sempre a ordenada do ponto.

Como há uma correspondência biunívoca entre os pontos do plano e os pares ordenados de números reais, dizemos que essa correspondência é um sistema de coordenadas para esse plano. Os eixos são chamados eixos coordenados.

Quem inventou este sistema de identificar os pontos de um plano por um par ordenado de números reais foi o matemático e filósofo **René Descartes** (1596 - 1650) no século XVII. Como a forma latina do nome Descartes era Cartesius, o plano com um sistema de coordenadas associado é chamado, como homenagem a Cartesius, de plano cartesiano. Dizemos que o sistema descrito acima é um sistema de coordenadas cartesianas ortogonais (ortogonais porque os eixos são perpendiculares).

Exemplos de pontos plotados:

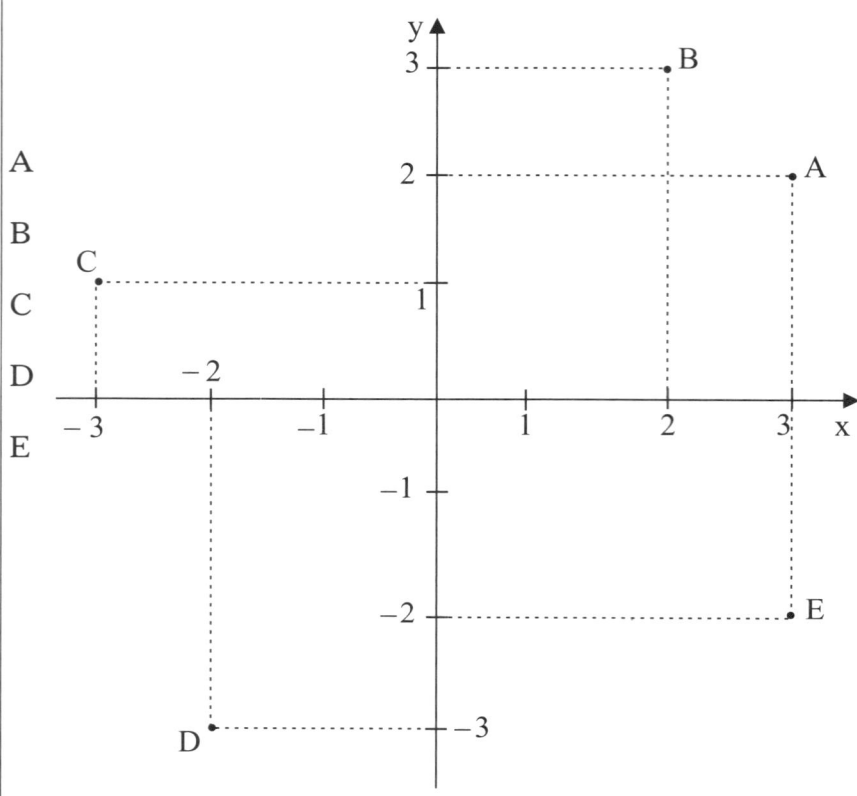

A ↔ (3, 2) ou A(3,2) ou A(3,2)

B = (2,3) ou B(2,3)

C = (– 3, 1) ou C(– 3, 1)

D = (– 2, – 3) ou D(– 2, – 3)

E = (3, – 2) ou E(3, – 2)

Note que
A(3, 2) ≠ B(2, 3)

2) Pontos sobre um eixo

Como o módulo da abscissa de um ponto é a distância entre esse ponto e o eixo **y**, se este ponto estiver sobre o eixo **y**, a sua abscissa será **ZERO**. Isto é: Os pontos do eixo das ordenadas têm abscissas iguais a **ZERO**.

Como o módulo da ordenada de um ponto é a distância entre esse ponto e o eixo **x**, se este ponto estiver sobre o eixo **x**, a sua ordenada será **ZERO**. Isto é: Os pontos do eixo das abscissas têm ordenadas iguais a **ZERO**.

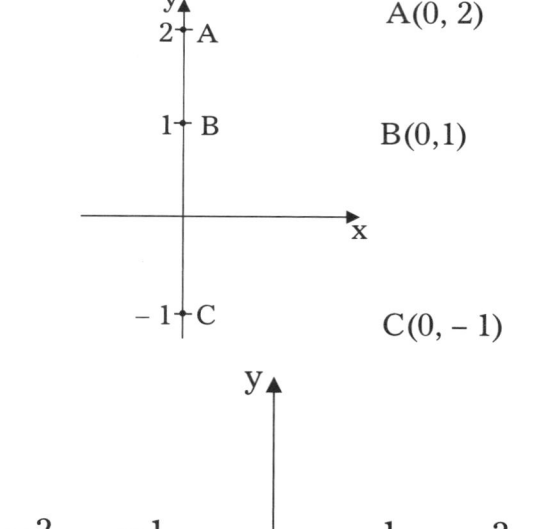

A(0, 2)

B(0,1)

C(0, – 1)

A(– 2, 0), B(– 1, 0), C(1, 0), D(2, 0)

3) Quadrantes

O interior dos ângulos retos determinados pelos eixos são chamados quadrantes.

O "direito superior", cujos pontos têm abscissas e ordenadas positivas é o **1º quadrante**.

O "esquerdo superior", cujos pontos têm abscissas negativas e ordenadas positivas é o **2º quadrante**.

O "esquerdo inferior", cujos pontos têm abscissas e ordenadas negativas é o **3º quadrante**.

O "direito inferior", cujos pontos têm abscissas positivas e ordenadas negativas é o **4º quadrante**.

Obs: Note que os pontos que estão à direita do eixo y têm abscissas positivas e os que estão à esquerda têm abscissas negativas. Os pontos que estão acima do eixo x têm ordenadas positivas e os que estão abaixo têm ordenadas negativas:

2º Quadrante: $x < 0$, $y > 0$
1º Quadrante: $x > 0$, $y > 0$
3º Quadrante: $x < 0$, $y < 0$
4º Quadrante: $x > 0$, $y < 0$

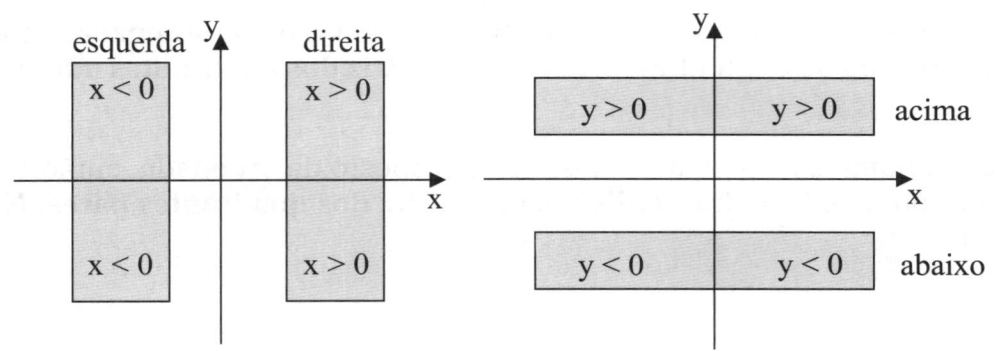

esquerda: $x < 0$ / direita: $x > 0$

acima: $y > 0$ / abaixo: $y < 0$

Exemplos:

• Pontos do 1º Quadrante: $(1, 2)$, $(7,9)$, $(5,8)$, $\left(\sqrt{2}, \frac{3}{2}\right)$, $(\pi - \sqrt{7}, \sqrt{3} - \sqrt{2})$

• Pontos do 2º Quadrante: $(-3, 2)$, $(-5, 6)$, $(-5, 9)$, $\left(-\sqrt{3}, \frac{2}{3}\right)$, $(\sqrt{5} - \pi\sqrt{3})$

• Pontos do 3º Quadrante: $(-3, -2)$, $(-2, -1)$, $(-9, -6)$, $(-\sqrt{3}, -\sqrt{2})$, $(\sqrt{5} - \sqrt{7}, \sqrt{2} - \sqrt{3})$

• Pontos do 4º Quadrante: $(7, -2)$, $(5, -3)$, $(9, -1)$, $\left(\sqrt{3}, -\frac{1}{3}\right)$, $(\sqrt{5} - \sqrt{3}, \pi - 4)$

4) Bissetrizes dos quadrantes

Se um ponto está na bissetriz de um ângulo, então ele eqüidista dos lados do ângulo, e reciprocamente. Então se um ponto está na bissetriz de um quadrante do plano cartesiano, ele eqüidista dos eixos.

Como a distância entre um ponto e o eixo das ordenada é o módulo da sua abscissa e a distância entre um ponto e o eixo das abscissas é o módulo da sua ordenada, podemos escrever:

P(x, y) está na bissetriz de um quadrante se, e somente se, $|x| = |y|$ ou seja:

$x = \pm y$ (ou $y = \pm x$)

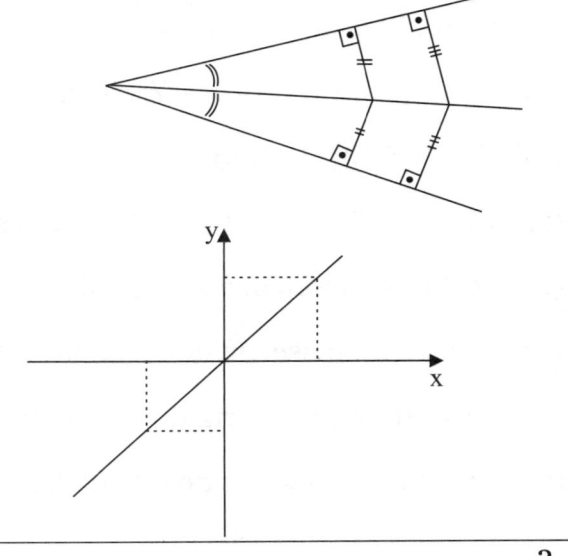

Se **x** é a abscissa e **y** é a ordenada de um ponto P: P(x, y), vamos analisar dois casos:

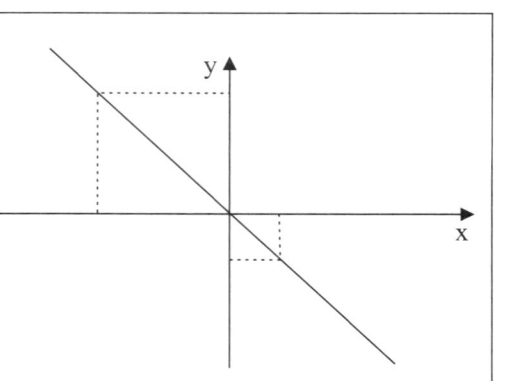

1º caso: $x = y \Rightarrow |x| = |y| \Rightarrow$ P eqüidista dos eixos $\Rightarrow$ P está na bissetriz de quadrante.

• $x = y, x > 0, y > 0$ P(x, y) está no 1º quadrante $\Rightarrow$ P(x, y) está na bissetriz do 1º quadrante

• $x = y, x < 0, y < 0 \Rightarrow$ P(x, y) está no 3º quadrante $\Rightarrow$ P(x, y) está na bissetriz do 3º quadrante.

2º caso: $x = -y$ (ou $y = -x$) $\Rightarrow |x| = |y| \Rightarrow$ P eqüidista dos eixos P(x, y) está na bissetriz de quadrante.

• $x = -y, x > 0, y < 0 \Rightarrow$ P(x, y) está no 4º quadrante $\Rightarrow$ P(x, y) está na bissetriz do 4º quadrante.

• $x = -y, x < 0, y > 0 \Rightarrow$ P(x, y) está no 2º quadrante $\Rightarrow$ P(x, y) está na bissetriz do 2º quadrante.

Conclusão: 1º) Se as coordenadas de um ponto são iguais, abscissa igual a ordenada, então esse ponto está na bissetriz do 1º ou do 3º quadrante. **Está na bissetriz dos quadrantes ímpares**. Notação para essa bissetriz: b_i.

2º) Se as coordenadas de um ponto são opostas, a abscissa é o oposto da ordenada, então este ponto está na bissetriz do 2º ou do 4º quadrante. **Está na bissetriz dos quadrantes pares**. Notação para essa bissetriz: b_p.

Observe as figuras:

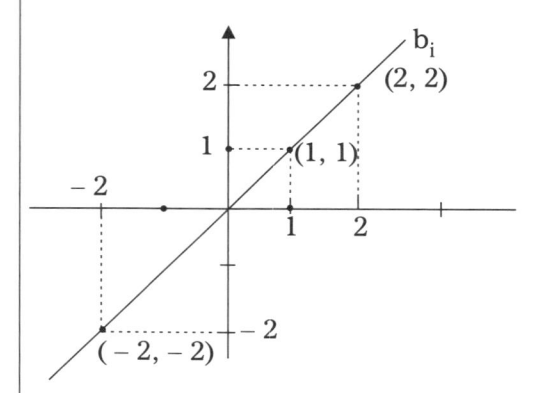

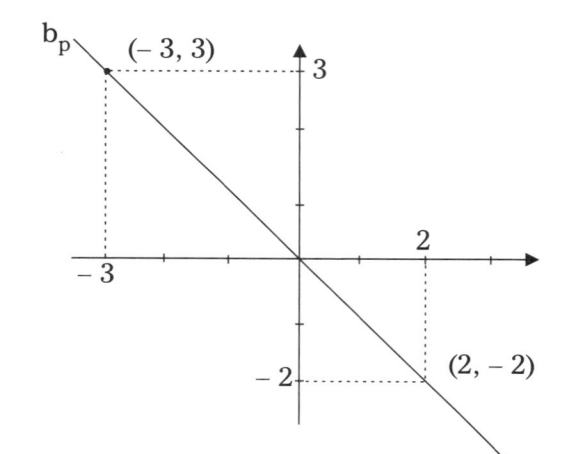

Outros exemplos:

1º) (2, 2), (3, 3), $(\sqrt{2}, \sqrt{2})$, $\left(\dfrac{5}{2}, \dfrac{5}{2}\right)$ estão na bissetriz do 1º quadrante.

2º) (– 3, – 3), (– 5, – 5), (– 7, – 7), (– π, – π) estão na bissetriz do 3º quadrante.

3º) (– 5, 5), (– 6, 6), (– 9, 9), $(-\sqrt{2}, \sqrt{2})$ estão na bissetriz do 2º quadrante.

4º) (5, – 5), (7, – 7), (8, – 8), $(\sqrt{3}, -\sqrt{3})$ estão na bissetriz do 4º quadrante.

5º) (a, a) está na bissetriz do 1º quadrante se a > 0 e na do 3º se a < 0.

6º) (– a, a) está na bissetriz do 2º quadrante se a > 0 e na 4º se a < 0.

7º) (– a, – a) está na bissetriz do 3º quadrante se a > 0 e na do 1º se a < 0.

8º) (a, – a) está na bissetriz do 4º quadrante se a > 0 e na do 2º se a < 0.

5) Gráfico de uma condição

Quando as coordenadas de todos os pontos de um conjunto de pontos plotados em um plano cartesiano, satisfazem uma determinada condição, dizemos que este conjunto de pontos é o gráfico dessa condição.

Exemplo: Representar no plano cartesiano os pontos P(x, y) cujas coordenadas satisfazem a condição dada, nos casos:

a) $y = x$

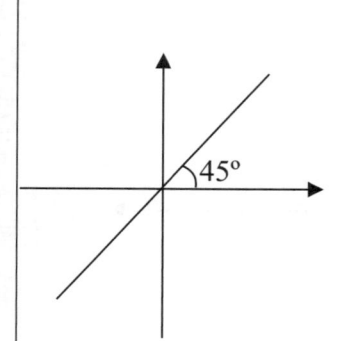

b) $y = -x$

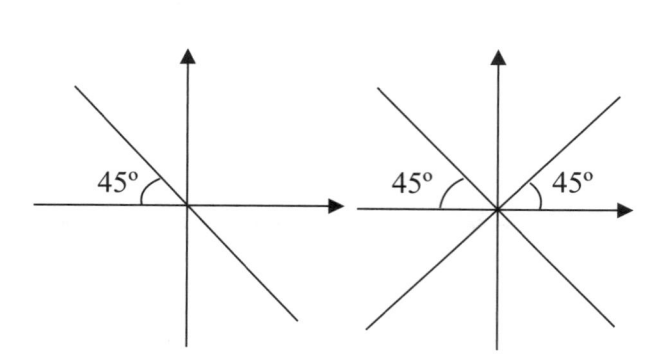

c) $|x| = |y|$

d) $x \geq 2$

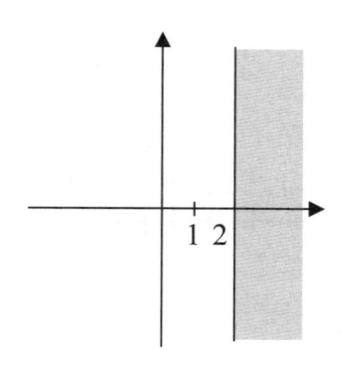

e) $y \geq 2$

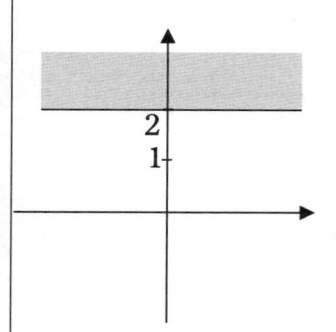

f) $-1 < x \leq 2$

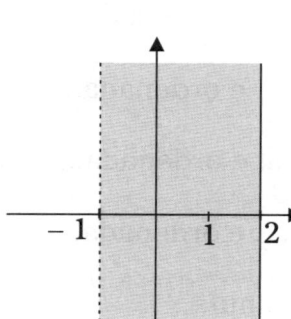

g) $|x| < 1$

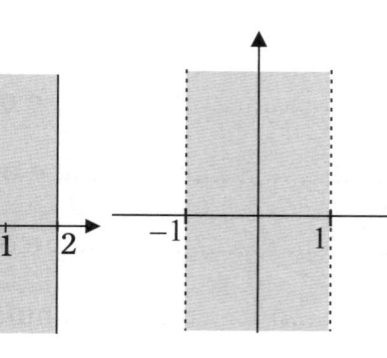

h) $y \geq x$

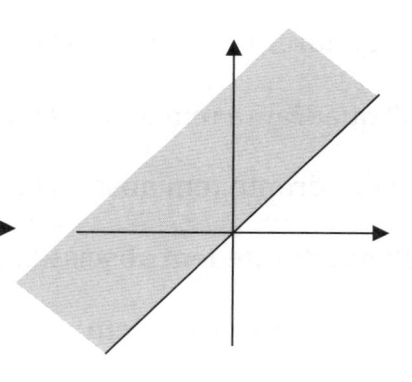

i) $x^2 - 2x - 3 = 0$
   $(x - 3)(x + 1) = 0$
   $x - 3 = 0 \lor x + 1 = 0$
   $x = 3 \lor x = -1$

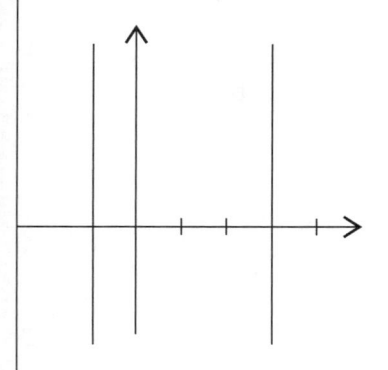

j) $xy - 3x + 2y - 6 = 0$
   $x(y - 3) + 2(y - 3) = 0$
   $(y - 3)(x + 2) = 0$
   $y - 3 = 0 \lor x + 2 = 0$
   $y = 3 \lor x = -2$

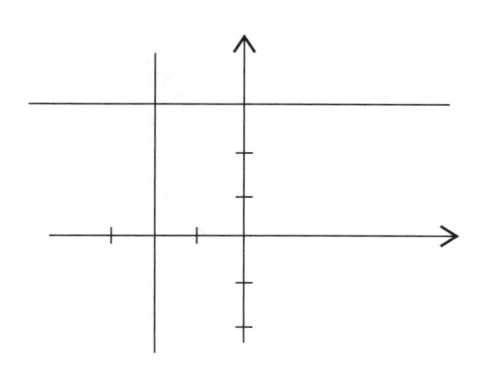

k) $x^2y - 2x^2 - 9y + 18 = 0$
   $x^2(y - 2) - 9(y - 2) = 0$
   $(y - 2)(x^2 - 9) = 0$
   $y - 2 = 0 \lor x^2 - 9 = 0$
   $y = 2 \lor x = \pm 3$

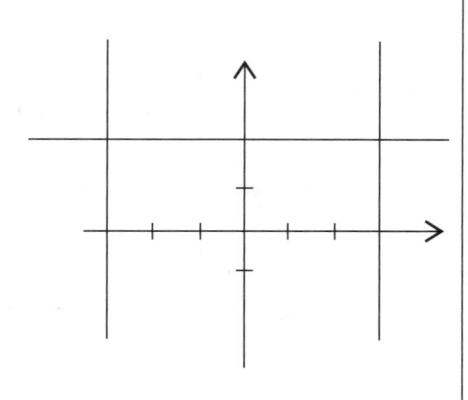

EXERCÍCIOS

1 Plotar os seguintes pontos no plano cartesiano dado

a) A(– 4, 2), B(3, 3), C(2, – 3)
   D(– 3,– 2), E(2, 3), F(– 2, 3)
   G(– 2, – 3)

b) A(3, 0), B(0, – 2), C(0,4)
   D(– 3, 0), E(4, 0), F(0, 2)

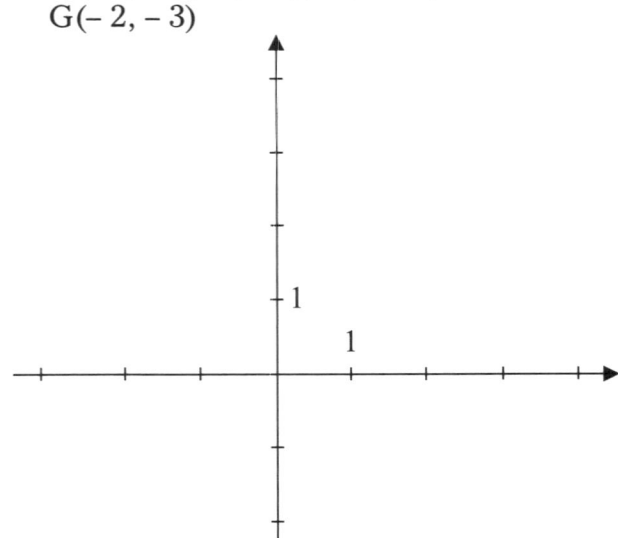

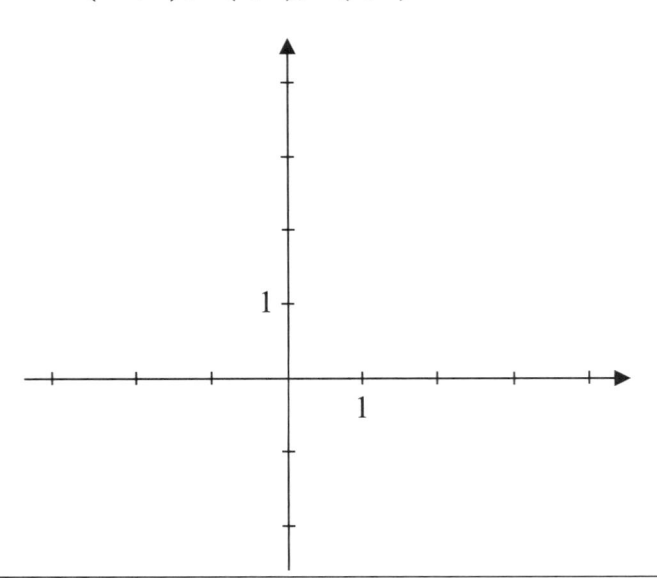

2 Completar: Um ponto do

a) 2º quadrante tem abscissa.. e ordenada................................

b) 4º quadrante tem abscissa.. e ordenada................................

c) 3º quadrante tem abscissa.. e ordenada................................

d) 1º quadrante tem abscissa.. e ordenada................................

e) eixo das abscissas tem..nula.

f) eixo das ordenadas tem...nula.

Observe os planos cartesianos dados para fazer os próximos exercícios.

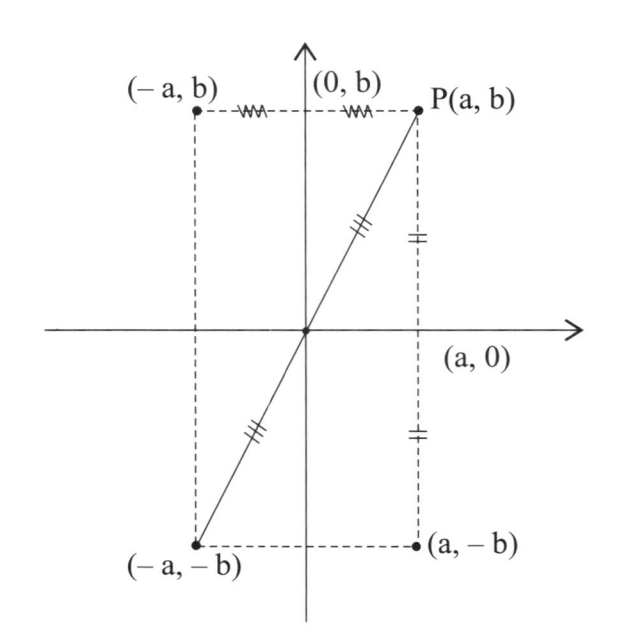

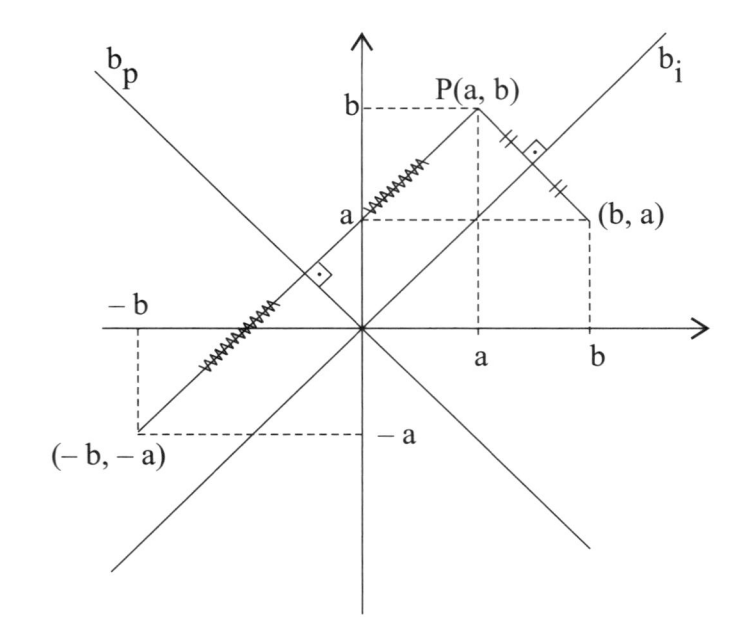

3 Determine as projeções ortogonais dos seguintes pontos sobre o eixo das abscissas:

A(– 5, 3), B(3, 6), C$\left(\frac{2}{3}, -5\right)$, D$\left(-\frac{1}{3}, 9\right)$, E(0, 5), F(4, 0)

A'(,),

4 Determine as projeções ortogonais dos seguintes pontos sobre o eixo das ordenadas:

A(5, 7), B$\left(-2, \frac{5}{7}\right)$, C(4, – 9), D(– 6, 0), E(– 7, – 8), F(0, 8)

A'(,)

5 Determine os simétricos dos seguintes pontos em relação ao eixo das abscissas:

A(5, 2), B(7, – 5), C(– 3, – 9), D(– 6, 2), E(0, – 4), F(6, 0)

A'(,)

6 Determine os simétricos dos seguintes pontos em relação ao eixo das ordenadas:

A(– 6, 6), B(7, – 3), C(– 4, 9), D$\left(3, \frac{2}{9}\right)$, E(– 4, 0), F(0, 5)

A'(,)

7 Determine os simétricos dos seguintes pontos em relação à origem do sistema:

A(1, 4), B(– 3, 5), C(6, – 2), D(– 3, – 9), E (5, 0), F(0, – 4)

A'(,)

8 Cada um dos pontos abaixo pertence à bissetriz dos quadrantes ímpares (b_i). Complete os pares ordenados:

A(7,), B(– 5,), C(, – 8), D$\left(, \frac{2}{3}\right)$, E (0), F(– a,)

9 Cada um dos pontos abaixo pertence à bissetriz dos quadrantes pares (b_p). Complete os pares ordenados:

A(7,), B(– 6,), C(, – 4), D$\left(, \frac{5}{7}\right)$, E(, 0), F(– a,)

10 Determine a projeção ortogonal de P(a,b) sobre o;

a) eixo das abscissas

 P'(,)

b) eixo das ordenadas

 P"(,)

11 Determine o simétrico de P(a, b) em relação;

a) ao eixo das abscissas:

b) ao eixo das ordenadas:

c) à origem do sistema:

12 Determine o simétrico de P(a, b) em relação à:

a) bissetriz dos quadrantes ímpares

b) bissetriz dos quadrantes pares

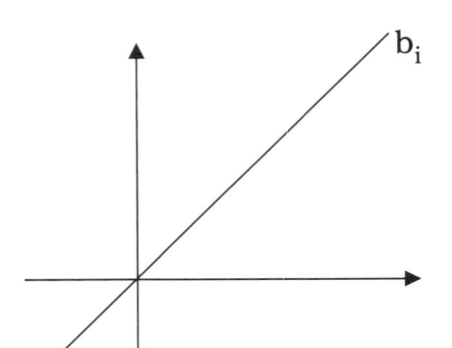

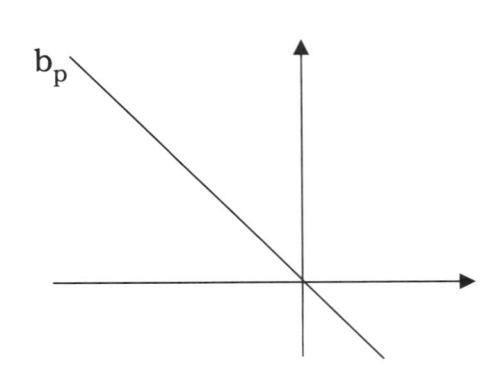

13 Determine a projeção ortogonal do ponto P(a, b) sobre:

a) A bissetriz do quadrantes ímpares

b) A bissetriz dos quadrantes pares

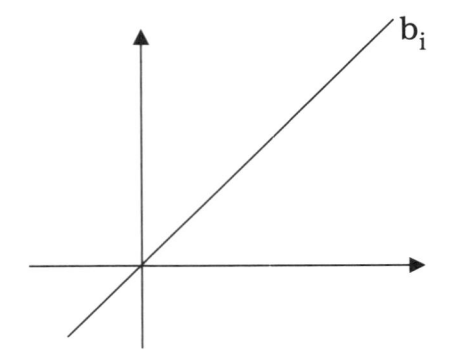

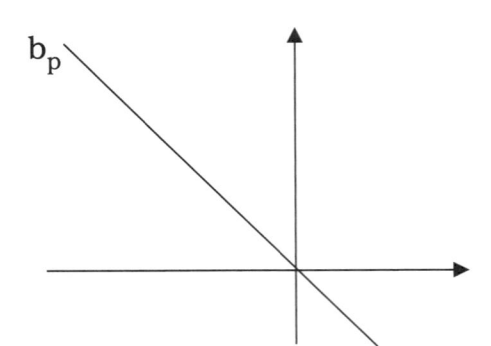

14 Resolver:

a) Se (2a − 1, 3a + 6) pertence ao eixo das abscissas, determine P.

b) Se P(3 − a, 2a + 7) pertence ao eixo das ordenadas, determine P.

c) Se P(3b − 4, 11 − 2b) pertence à bissetriz dos quadrantes ímpares, determine P.

d) Se P(7 − 5b, 3b + 5) pertence à bissetriz dos quadrantes pares, determine P.

15 Resolver:

a) Se a projeção ortogonal do ponto P'(2a + 7, 5a + 3) sobre eixo das abscissas é o ponto P'(5, 0), determine **P**.

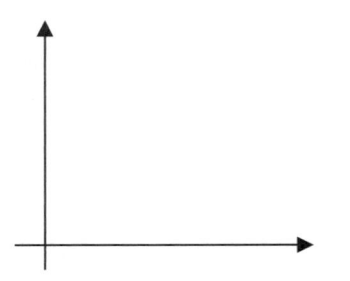

b) Se Q(14 − 3b, a + 7) é simétrico de P(3a − 3, b + 2) em relação à bissetriz dos quadrantes ímpares, determine **P** e **Q**.

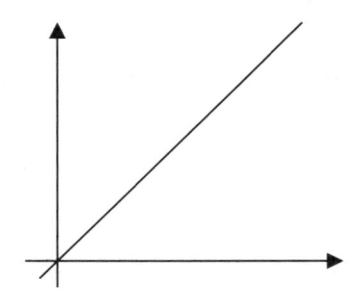

---

16 Se o ponto Q(2b + 8, b − 4) é o simétrico de P(2a − 5, a + b) em relação à bissetriz dos quadrantes pares, determine **P** e **Q**.

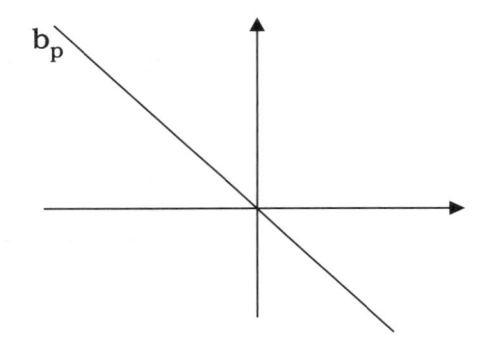

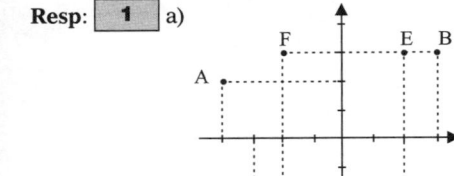

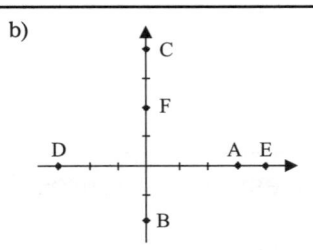

Resp:

1 a) [figure with points F, E, B, A, D, G, C] b) [figure with points C, F, D, A, E, B]

2 a) negativa, positiva   b) positiva, negativa   c) negativa, negativa   d) positiva, positiva   e) ordenada   f) abscissa

3 A'(−5, 0),   B'(3, 0),   C'$\left(\frac{2}{3}, 0\right)$,   D'$\left(-\frac{1}{3}, 0\right)$,   E'(0,0),   F'(4, 0)

4 A'(0, 7),   B'$\left(0, \frac{5}{7}\right)$,   C'(0,−9),   D'(0, 0),   E'(0,−8),   F'(0, 8)

5 A'(5, −2),   B'(7, 5),   C'(−3, 9),   D'(−6, −2),   E'(0, 4),   F'(6, 0)

6 A'(6, 6),   B'(−7, −3),   C'(4, 9),   D'$\left(-3, \frac{2}{9}\right)$ E'(4, 0),   F'(0, 5)

7 A'(−1, −4),   B'(3, −5),   C'(−6, 2),   D'(3, 9),   E'(−5, 0),   F'(0, 4)   **8** A(7, 7),   B(−5, −5),   C(−8, −8),   D$\left(\frac{2}{3}, \frac{2}{3}\right)$,   E(0, 0),   F(−a, −a)   **9** A(7,−7),   B(−6, 6),   C(4, −4),   D$\left(-\frac{5}{7}, \frac{5}{7}\right)$,   E(0, 0),   F(−a, a)

10 a) P'(a, 0),   b) P(0, b)   **11** a) (a, −b)   b) (−a, b)   c) (−a, −b)

17 Resolver:

a) Se o ponto P(2a + 6, 5 − a) é do 1º quadrante, determine **a**.

b) Se o ponto P(3b − 7, 2b + 4) é do 2º quadrante, determine **b**.

18 Representar no plano cartesiano os pontos P(x, y) cujas coordenadas satisfazem a condição dada, nos casos:

a) $x \geq 2$

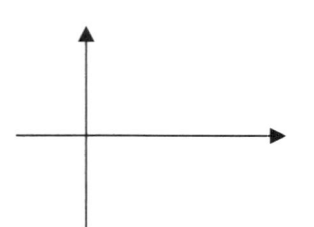

b) $y < 2$

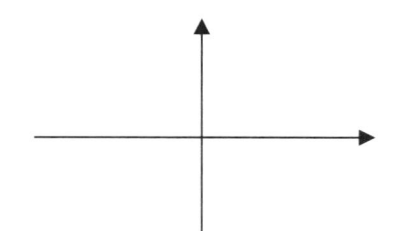

c) $-2 \leq x < 1$

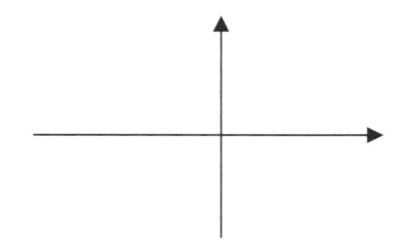

d) $|x| > 2$

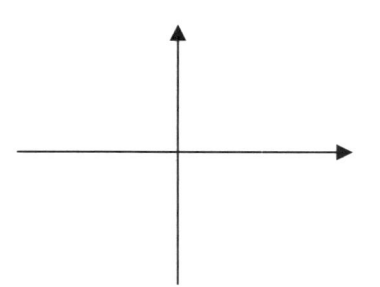

e) $|y| \leq 2$

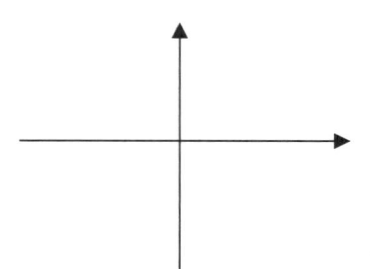

f) $x - y = 0$

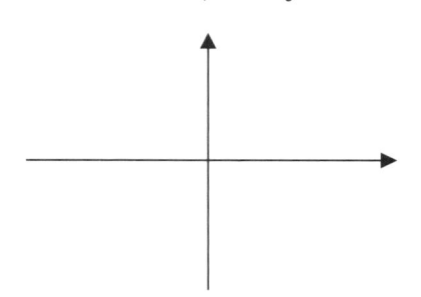

g) $1 < 2x - 3 \leq 7$ e $-4 \leq 3y - 7 \leq 5$

19 Representar no plano cartesiano os pontos P(x, y) tais que:

a) $|2y - 3| < 5$ e $|2x - 1| \geq 3$

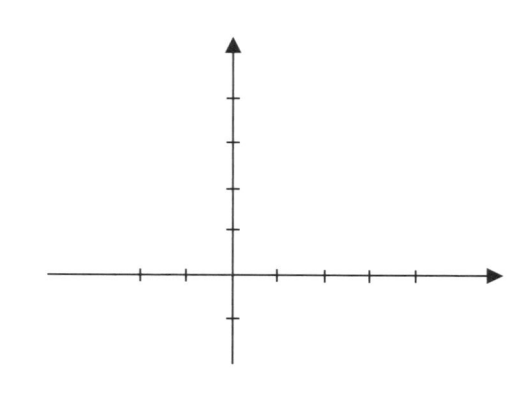

b) $x^2 - y^2 = 0$

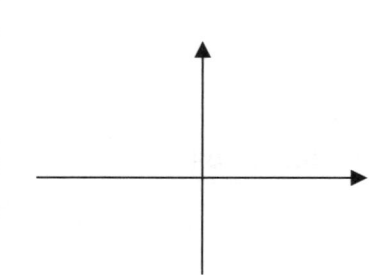

c) $x^2 + 2xy + y^2 = 0$

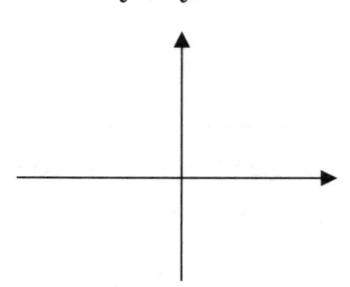

d) $|x| = 3$

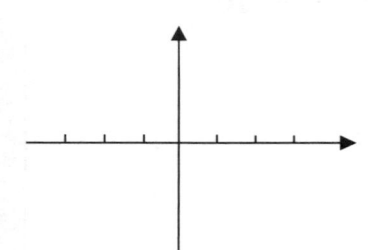

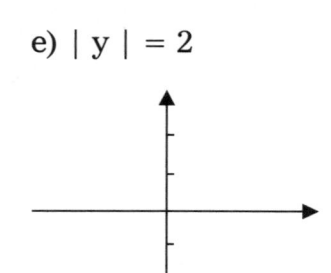

e) $|y| = 2$

f) $x^2 - 4 = 0$

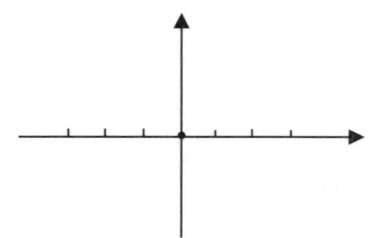

g) $x^2 - x - 6 = 0$

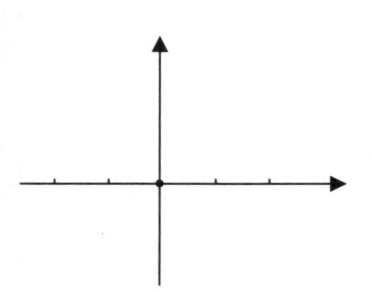

h) $xy - 2y - 3x + 6 = 0$

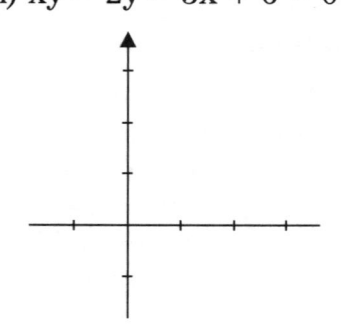

6) Ponto médio

Vamos considerar um segmento AB oblíquo aos eixos:

Como a projeção ortogonal do ponto médio de um segmento sobre uma reta, não perpendicular ao segmento, é o ponto médio da projeção ortogonal do segmento sobre a reta, concluímos que as coordenadas do ponto médio de um segmento $\overline{AB}$ são a coordenada-x e a coordenada-y dos pontos médios das projeções de $\overline{AB}$, respectivamente, sobre o eixo x e o eixo y do sistema de coordenadas.

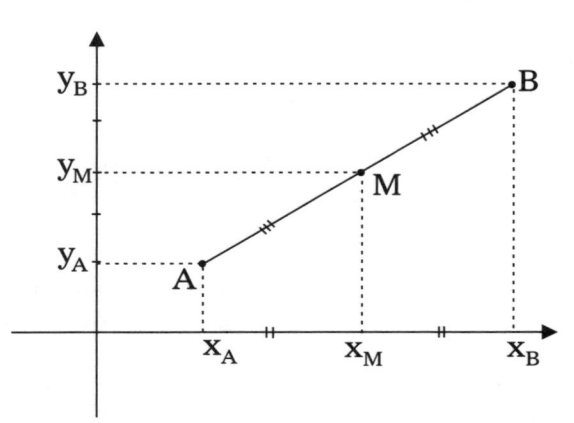

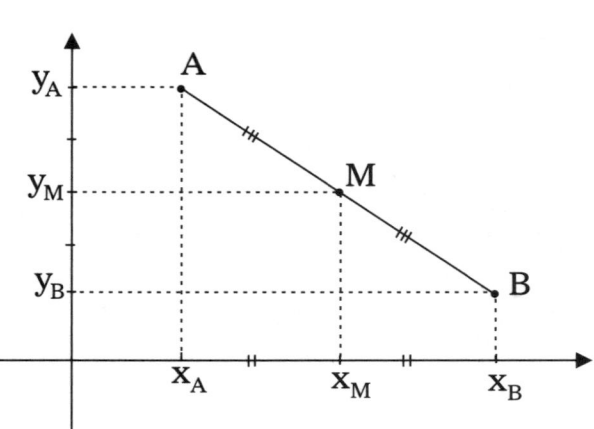

$\begin{cases} x_M - x_A = x_B - x_M \Rightarrow 2x_M = x_A + x_B \\ y_M - y_A = y_B - y_M \Rightarrow 2y_M = y_A + y_A \end{cases} \Rightarrow x_M = \dfrac{x_A + x_B}{2}$ e $y_M = \dfrac{y_A + y_B}{2}$

Resp: **12** a) (b, a)   b) (− b, − a)   c) P(5, 5)   d) P(− 23, 23)   **13** a) $\left(\dfrac{a+b}{2}, \dfrac{a+b}{2}\right)$ b) $\left(\dfrac{a-b}{2}, \dfrac{b-a}{2}\right)$ **14** a) P(− 5, 0)   b) P(0, 13)   **15** a) P(5, − 2),   b) P(12,5), Q(5, 12)   **16** P(9, 2), Q(− 2, − 9)

$$x_M = \frac{x_A + x_B}{2} \quad e \quad y_M = \frac{y_A + y_B}{2} \quad ou \quad M = \left(\frac{x_A + x_B}{2}, \frac{y_A + y_B}{2}\right)$$

Obs: Esta fórmula também é válida quando o segmento é paralelo a um dos eixos.

Exemplo: Determine o ponto médio de $\overline{AB}$ dados A(– 5, 6), e B(1, – 14).

$$x = \left(\frac{x_A + x_B}{2}, \frac{y_A + y_B}{2}\right) = \left(\frac{-5+1}{2}, \frac{6-14}{2}\right) = \left(\frac{-4}{2}, \frac{-8}{2}\right) = (-2, -4) \Rightarrow M(-2, -4)$$

Exemplo: Dados A(7, – 2) e M (– 5, 3), se **M** é o ponto médio de $\overline{AB}$, determine **B**.

$$\begin{cases} x_M = \dfrac{x_A + x_B}{2} \Rightarrow 5 = \dfrac{7 + x_B}{2} \Rightarrow 10 = 7 + x_B \Rightarrow x_B = -17 \\ y_M = \dfrac{y_A + y_B}{2} \Rightarrow 3 = \dfrac{-2 + y_B}{2} \Rightarrow 6 = -2 + y_B \Rightarrow y_B = 8 \end{cases}$$

$\Rightarrow B = (-17, 8)$ ou $B(-17, 8)$

7) Razão em que um ponto divide um segmento

Vamos considerar que o segmento seja oblíquo aos eixos.

De acordo com o teorema de Tales, se um ponto P divide um segmento $\overline{AB}$ em uma razão λ, então a projeção ortogonal de P sobre uma reta, não perpendicular ao segmento, divide a projeção desse segmento sobre a reta na mesma razão.

$$\frac{AP}{PB} = \lambda$$
e
$$\frac{A'P'}{P'B'} = \lambda$$

Podemos afirmar, então, que a razão em que um ponto de uma reta divide um segmento $\overrightarrow{AB}$ dessa reta é igual à razão em que a projeção ortogonal dele, sobre qualquer um dos eixos, divide a projeção ortogonal dele sobre o respectivo eixo. Então:

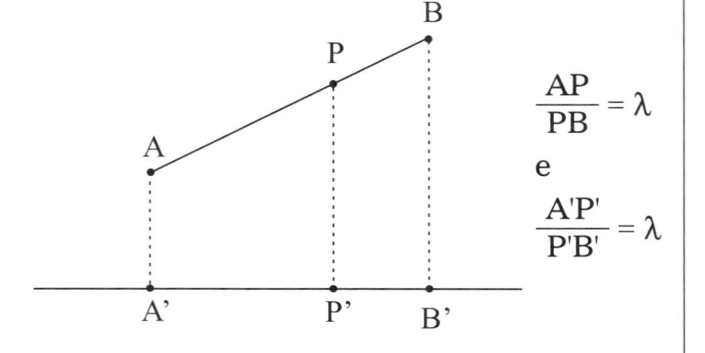

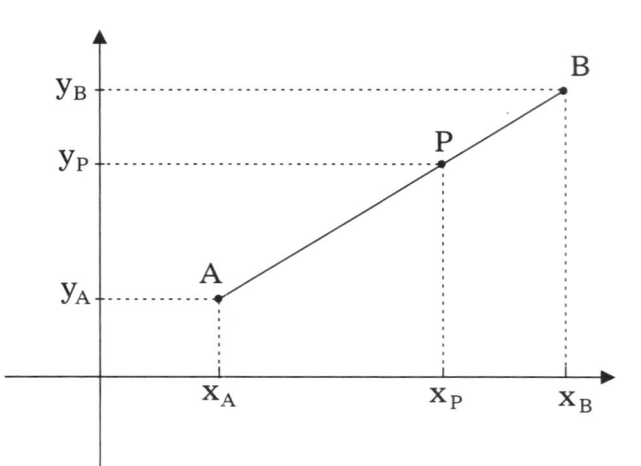

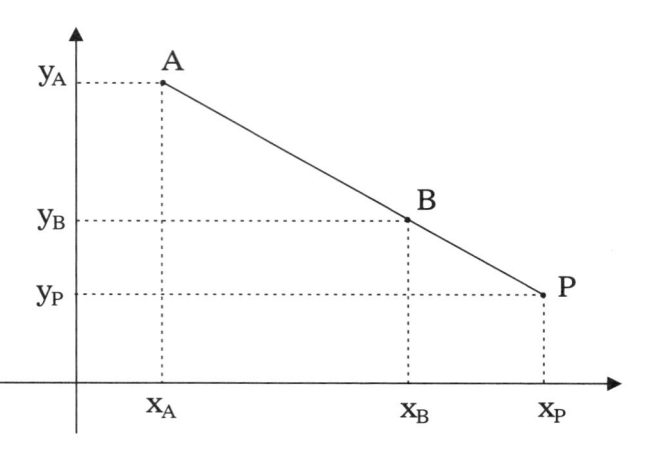

Sendo λ a razão em que o ponto **P** divide o segmento $\overrightarrow{AB}$, temos:

$$\frac{(\overrightarrow{AP})}{(\overrightarrow{PB})} = \frac{x_P - x_A}{x_B - x_P} = \lambda \quad e \quad \frac{(\overrightarrow{AP})}{(\overrightarrow{PB})} = \frac{y_P - y_A}{y_B - y_P} = \lambda$$

Se o problema for para determinar as coordenadas do ponto **P**, que divide $\vec{AB}$ na razão λ, podemos resolver o problema usando as equações anteriores ou isolar x_P e y_P nas equações anteriores. Obtendo:

$$x_P = \frac{x_A + \lambda x_B}{1 + \lambda} \quad \text{e} \quad y_P = \frac{y_A + \lambda y_B}{1 + \lambda}$$

Então o ponto P que divide $\vec{AB}$ na razão λ é dado por

$$\boxed{P = \left(\frac{x_A + \lambda \cdot x_B}{1 + \lambda}, \frac{y_A + \lambda y_B}{1 + \lambda}\right)}$$

Obs: Esta fórmula também é válida quando o segmento é paralelo a um dos eixos.

Exemplo: Determine a razão em que o ponto P(5, – 2) divide o segmento $\vec{AB}$, dados A(– 1, 7) e B(9, – 8).

Podemos achar esta razão usando a definição com as abscissas ou com as ordenadas.

$$\lambda = \frac{(\vec{AP})}{(\vec{PB})} \Rightarrow \begin{cases} \lambda = \dfrac{x_P - x_A}{x_B - x_P} = \dfrac{5 - (-1)}{9 - 5} = \dfrac{6}{4} = \dfrac{3}{2} \\ \text{ou} \\ \lambda = \dfrac{y_P - y_A}{y_B - y_P} = \dfrac{-2 - 7}{-8 - (-2)} = \dfrac{-9}{-6} = \dfrac{3}{2} \end{cases}$$

Obs: 1) Note que os resultados obtidos são iguais.

2) Se o segmento for oblíquo aos eixos e os resultados não são iguais, isto significa que o ponto p não pertence à reta AB e portanto ele não divide $\vec{AB}$ em razão alguma.

3) Se o segmento for paralelo a um dos eixos, uma das expressões será $\dfrac{0}{0}$ e a outra será λ.

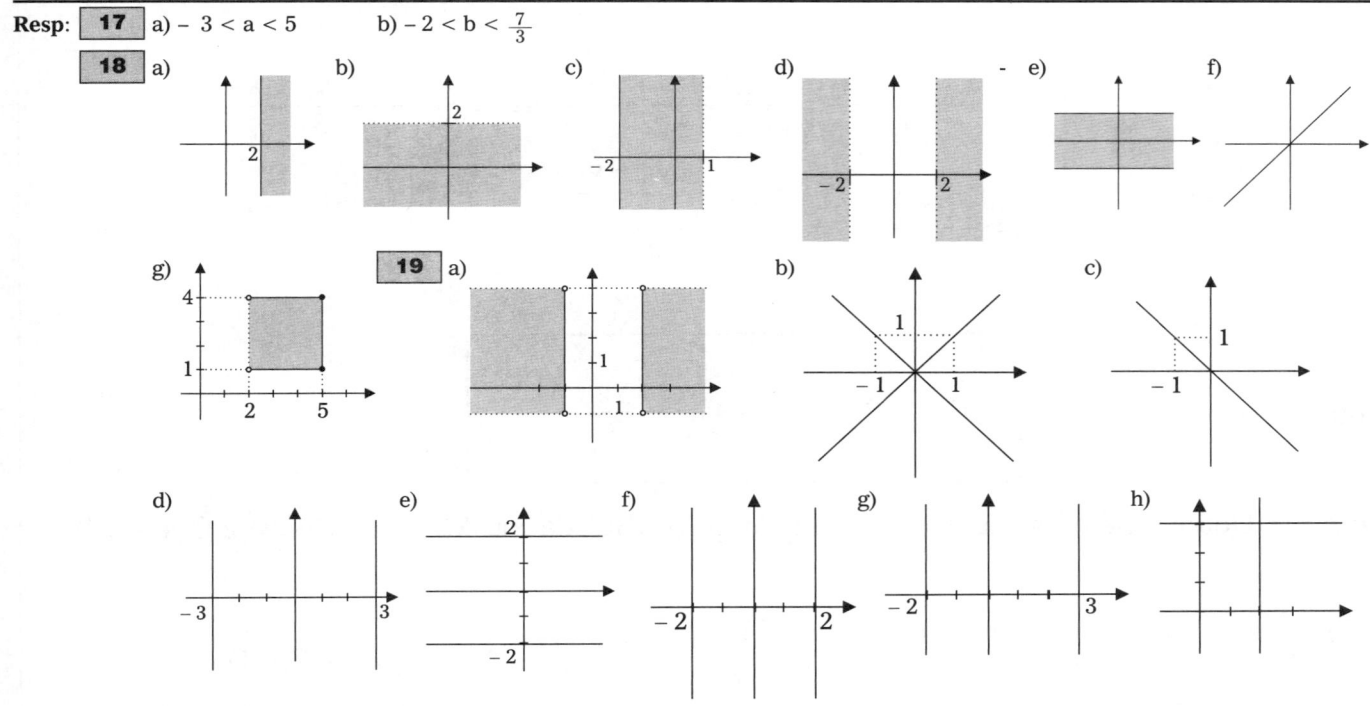

Resp: **17** a) $-3 < a < 5$ b) $-2 < b < \dfrac{7}{3}$

18 a) b) c) d) e) f) g)

19 a) b) c) d) e) f) g) h)

Exemplo: Determine o ponto **P** que divide o segmento $\overrightarrow{AB}$ na razão $-\frac{2}{3}$, dados A(– 4, 5) e B(21, –15).

Basta aplicar a definição. Mas a solução seguinte é usando a fórmula:

$$\begin{cases} x_P = \dfrac{x_A + \lambda x_B}{1 + \lambda} = \dfrac{-4 + \left(-\dfrac{2}{3}\right) \cdot 21}{1 + \left(-\dfrac{2}{3}\right)} = \dfrac{-12 - 42}{3 - 2} = -54 \\ \\ y_P = \dfrac{y_A + \lambda y_B}{1 + \lambda} = \dfrac{5 + \left(-\dfrac{2}{5}\right)(-15)}{1 + \left(-\dfrac{2}{3}\right)} = \dfrac{15 + 30}{3 - 2} = 45 \end{cases} \Rightarrow P(-54, 45)$$

8) Baricentro de um triângulo

A intersecção das medianas de um triângulo é chamado baricentro do triângulo. O **baricentro** divide cada mediana em duas partes onde a que contém o vértice é o dobro da outra.

AG = 2 · GM
BG = 2 · GN
CG = 2 · GQ

Vamos deduzir uma fórmula que dá as coordenadas do baricentro G de um triângulo em função das coordenadas dos seus vértices.

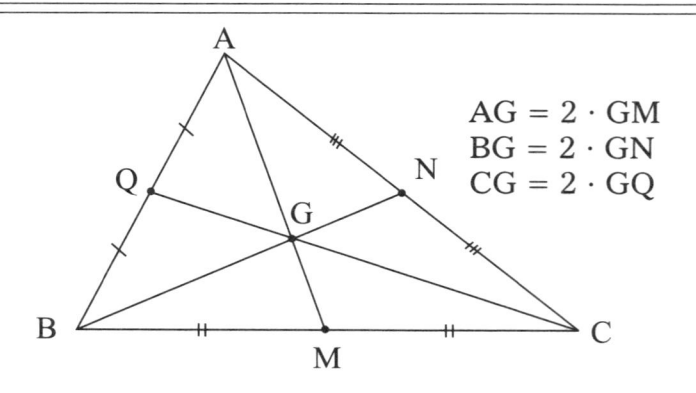

i) Como M é ponto médio de $\overline{BC}$ temos: $x_B = \dfrac{x_B + x_C}{2}$ e $y_M = \dfrac{y_B + y_C}{2}$

ii) Como AG = 2.GM, obtemos que $\dfrac{AG}{GM} = 2$. Isto é: o ponto G divide $\overrightarrow{AM}$ na razão $\lambda = 2$.

Usando agora a fórmula do item anterior obtemos:

$$\begin{cases} x_G = \dfrac{x_A + \lambda \cdot x_M}{1 + \lambda} = \dfrac{x_A + 2 \cdot \dfrac{x_B + x_C}{2}}{1 + 2} \Rightarrow x_G = \dfrac{x_A + x_B + x_C}{3} \\ \\ y_G = \dfrac{y_A + \lambda \cdot y_M}{1 + \lambda} = \dfrac{y_A + 2 \cdot \dfrac{y_B + y_C}{2}}{1 + 2} \Rightarrow y_G = \dfrac{y_A + y_B + y_C}{3} \end{cases}$$

Então: $\boxed{G = \dfrac{x_A + x_B + x_C}{3}, \dfrac{y_A + y_B + y_C}{3}}$

Exemplo: Determine o baricentro de um triângulo ABC, dados A(– 5, 3), B(7,8) e C(4, – 14)

$G = \dfrac{x_A + x_B + x_C}{3}, \dfrac{y_A + y_B + y_C}{3} = \dfrac{5 + 7 + 4}{3}, \dfrac{3 + 8 - 14}{3} = \dfrac{6}{3}, -\dfrac{3}{3} = (2, -1) \Rightarrow G(2, -1)$

20 Determine o ponto médio do segmento AB, dados A(–1, 7) e B(5, 3).

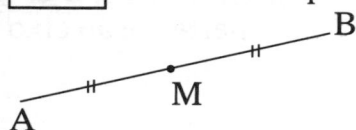

21 Determine o ponto médio do segmento AB nos casos:
a) A(–7, 3) e B(–1, –5)
b) A(8, –9) e B(–2, 1)
c) A(3, 4) e B(6, –1)

22 Dados A(7, –2) e M(–1, 5), determine **B**, sabendo que **M** é ponto médio de $\overline{AB}$.

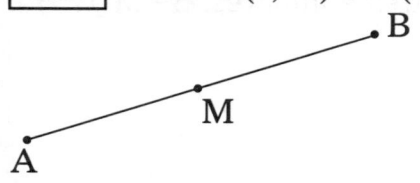

23 Determine o ponto **P**, simétrico de A(–5, 1), em relação a B(3, –4).

24 Se M(a – 2, b – 1) é ponto médio de $\overline{AB}$, sendo A(2a + 3, 2b – 4) e B(a + 8, b + 4), determine **A** e **B**.

25 Sendo A(2a – 3, a + 3b), B(b – 4a, 5a – 3b) e M(2b – 2a, 4a – 3b), onde **M** é ponto médio de $\overline{AB}$, determine **M**.

26 Resolver:

a) Se o ponto médio **M** do segmento AB, com A(2a + 3, a + 5) e B(5a − 2, 7 − 2a) pertence ao eixo das abscissas, determine A e B.

b) Sendo M(a + 3, 2 − 3a) o ponto médio de $\overline{AB}$ com A(3a − 7, a − 3) e B no eixo das ordenadas, determine A e B.

c) A e B estão, respectivamente, nas bissetrizes dos quadrantes pares e ímpares. Se M(1, 7) é ponto médio de $\overline{AB}$, determine A e B. Resolver:

---

27 Resolver:

a) Se $\overline{AB}$, com A(−5, 11) e B(−1, 3), é um diâmetro de uma circunferência, determine o seu centro.

b) Determine o ponto de intersecção das diagonais de um paralelogramo ABCD dados B(−1, 8) e D(5, −2).

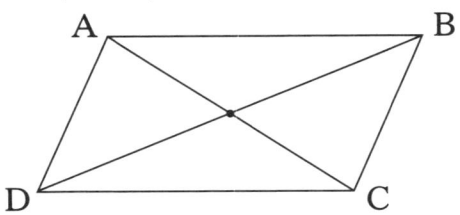

c) Determine o vértice D de um paralelogramo ABCD dados A(−3, −4), B(−1, 4) e C(5, 6).

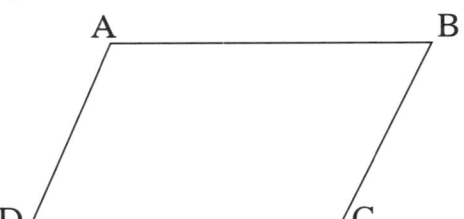

28 Se M(–3, 5) é o ponto de intersecção das diagonais de um paralelogramo ABCD, com A(5, 2) e B(–9, 1), determine C e D.

29 Se M(–3, 4), N(–9, 2) e P(3, –2) são os pontos médios dos lados de um triângulo, determine os vértices do triângulo.

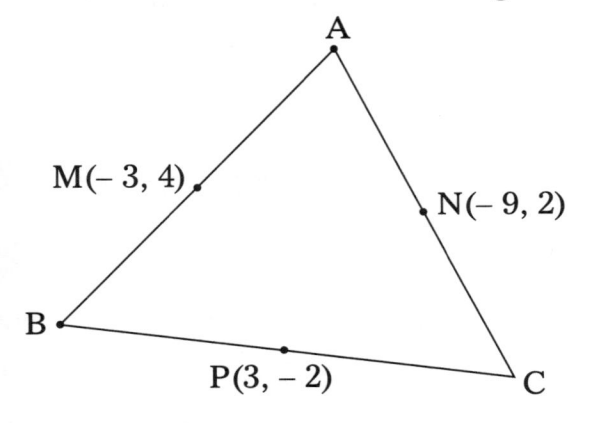

```
            A
           /\
          /  \
  M(–3,4)/    \
        /   •N(–9,2)
       /      \
      /        \
    B •————•————• C
         P(3,–2)
```

30 Determine a razão em que o ponto P(1, 4) divide o segmento $\overline{AB}$, dados A(–5, 13) e B(5, –2).

1º (Abscissas)

2º (Ordenadas)

31 Determine a razão em que o ponto P(–3, 7) divide o segmento $\overline{AB}$, dados A(7, –1) e B(12, –5).

Resp: **20** M(2, 5) **21** a) M(–4, –1), b) M(3, –4), c) M$\left(\frac{9}{2}, \frac{3}{2}\right)$ **22** B(–9, 12)
23 P(11, –9) **24** A(–27, –8), B(–7, 2) **25** M(–4, 9)

32 Verifique se o ponto P(1, 17) divide $\overrightarrow{AB}$ em alguma razão, dados **A** e **B**, nos casos:

a) A(15, 7) e B(– 6, 22)

b) A(7, 11) e B(13, – 1)

---

33 Determine as coordenadas do ponto **P** que divide $\overrightarrow{AB}$ na razão $\lambda = -\dfrac{2}{5}$, dados A(17, – 4) e B(2, 14).

1º Modo (Usando definição)

2º Modo (Usando fórmula)

---

34 Determine o ponto que divide $\overrightarrow{PQ}$ na razão – 3, dados P(5, 2) e Q(13, – 10).

---

35 Se N(– 18, 11) divide $\overrightarrow{AB}$ na razão $-\dfrac{5}{2}$, determine A dado B(– 8, 5).

36 Se A(1 − 3a, 3b + 2) divide $\overrightarrow{AB}$ na razão 2, com B(a +1, b + 2) e C (3 − 6a, 5b − 1), determine A, B e C.

37 Se P(− 5, k) está na reta AB, dados A(10, − 2) e B(15, − 5), determine **k**.

38 Determine o ponto de abscissa − 7, que pertence à reta AB, dados A(− 3, 5) e B(3, − 4).

39 Se os pontos A(− 1, 3), B(− 5, 9) e C(k, 18) são colineares, determine **k**.

40 Determine as coordenadas dos pontos que dividem o segmento AB em três partes iguais, dados A(13, − 13) e B(− 5, 11).

Resp: **26** a) A(27, 17), B(58, − 17)   b) A(32, 10), B(0, − 84)   c) A(− 6, 6), B(8, 8)   **27** a) C (− 3, 7)   b) M(2, 3)
c) D(3,− 2)   **28** C(− 11, 8), D(3, 9)   **29** A(− 15, 8),   B(9, 0),   C(− 3, − 4)
30 $\frac{3}{2}$ **31** $-\frac{2}{3}$

41 Até que ponto devemos prolongar o segmento AB, no sentido de A para B, para que o seu comprimento quintuplique. São dados A(7, – 10) e B(3, – 3).

42 Se A(a – 5, 2b), B(2b – 5, a – b), C(3b + 1, a – 7b) e B divide $\overrightarrow{AC}$ na razão $\frac{1}{2}$, determine A, B e C.

43 Se o ponto P(x, y) pertence à reta AB, com A(– 3, 1) e B(5, – 3), determine uma relação entre x e y.

44 Determine os pontos onde a reta AB encontra as bissetriz dos quadrantes. São dados A(– 4, 5) e B(6, 0).

45 Determine o baricentro do triângulo ABC dados A(3, – 7), B(– 4, 5) e C(7, 14).

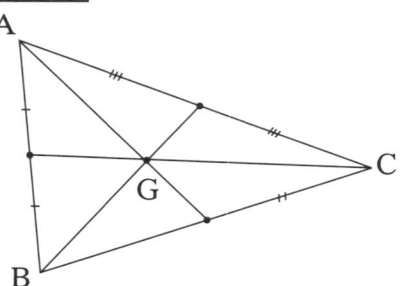

46 Determine o baricentro do triângulo ABC nos casos:

a) A(5, –1), B(7, 9), C(6, 7) b) (4, 9), B(–5, 6), C(7, –9)

---

47 Determine o vértice **A** de um triângulo ABC dados os vértices B(–4, –2) e C(5, –5) e o baricentro G(1, 4).

---

48 Resolver:

a) Se $\overline{AM}$ é mediana de um triângulo ABC, dados A(5, –2) e M(–13, 10), determine o baricentro do triângulo.

b) Dado o baricentro G(3, –2) e o ponto médio N(6, –8) do lado AC de um triângulo ABC, determine o vértice **B**.

c) Os vértices B e C de um triângulo ABC pertencem, respectivamente, às bissetrizes dos quadrantes ímpares e pares. Dados A(7, 13) e o baricentro G(–1, 3) do triângulo, determine B e C.

---

49 O baricentro de um triângulo é G(–2, 6) e o vértice A está sobre a bissetriz dos quadrantes pares e ponto **M**, médio de $\overline{AC}$, está sobre a bissetriz dos quadrantes ímpares. Determine **A**.

Resp: **32** a) sim, $\lambda = 2$ b) não, pois $-\frac{1}{2} \neq -\frac{1}{3}$ **33** P(27, –16)   **34** (17, –16)   **35** A(7, –4)

36 A(–5, 11), B(3, 5), C(–9, 14)   **37** k = 7   **38** P(–7, 11)   **39** k = –11

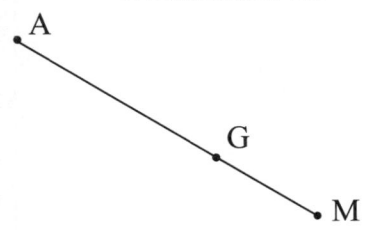

40 (7, –5) e (1, 3)

50 De um triângulo ABC com baricentro G(3, 3) sabemos que P(– 3, 3) é ponto médio de $\overline{AB}$ e N(7, 6) é ponto médio de $\overline{AC}$. Determine A, B e C.

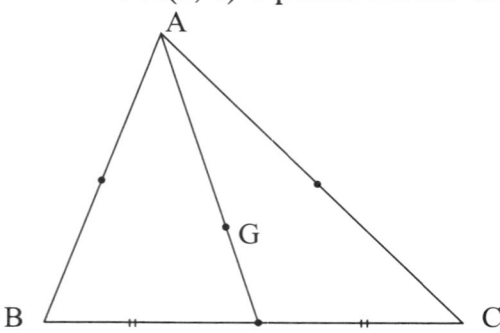

9) Distância entre dois pontos

Sejam **A** e **B** dois pontos distintos, se forem coincidentes a distância entre eles é nula, queremos encontrar uma fórmula que de a distância entre eles.

Como o retângulo tem lados opostos congruentes, quando o segmento AB for paralelo a um dos eixos, a distância entre eles será igual ao módulo da diferença das abscissas ou ordenadas das suas extremidades, conforme ele for paralelo, respectivamente, ao eixo x ou a o eixo y. A distância entre os pontos **A** e **B** indicaremos por AB ou por $d_{A,B}$.

$\overline{AB}$ é paralelo ao eixo da abscissas

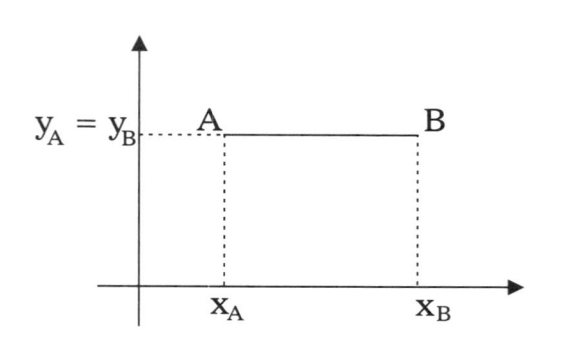

$\overline{AB}$ é paralelo ao eixo das ordenadas

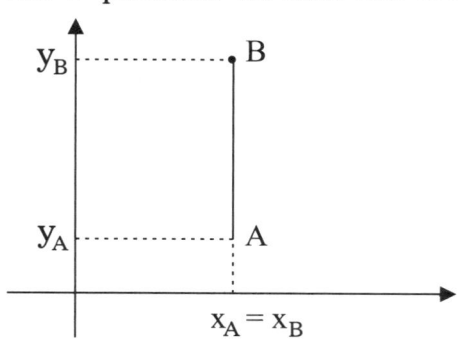

$AB = |x_B - x_A| = |x_A - x_B| = |\Delta x|$

$AB = |y_B - y_A| = |y_A - y_B| = |\Delta y|$

Δx é a diferença entre as abscissas e Δy é a diferença entre as ordenadas.

Quando o segmento AB for oblíquo aos eixos, a distância AB será a diagonal do retângulo determinado pelas retas paralelas aos eixos, conduzidas pelas extremidades do segmento. Para determinar AB basta aplicar a teorema de Pitágoras.

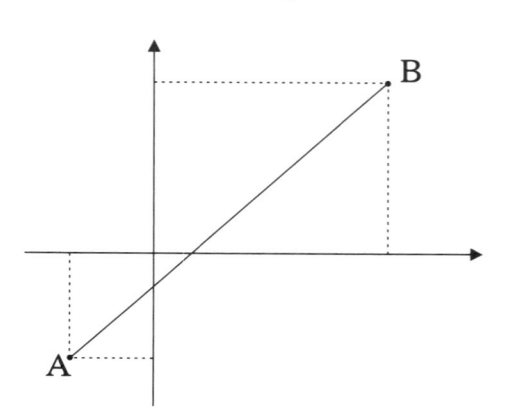

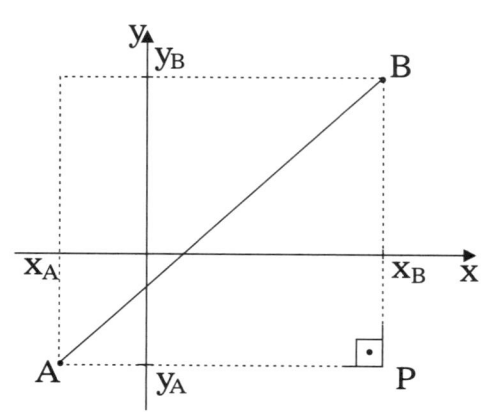

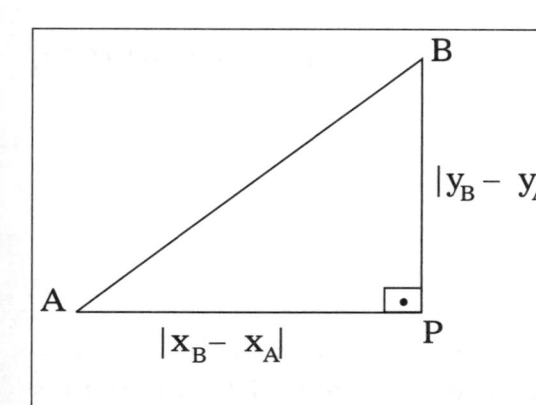

$AB^2 = |x_B - x_A|^2 + |y_B - y_A|^2$.

Como $|x_B - x_A|^2 = |x_A - x_B|^2 = (x_B - x_A)^2 = (x_A - x_B)^2$
e $|y_B - y_A|^2 = |y_A - y_B|^2 = (y_B - y_A)^2 = (y_A - y_B)^2$,
podemos escrever:

$AB^2 = (x_B - x_A)^2 + (y_B - y_A)^2$ ou

$$AB = \sqrt{(x_B - x_A)^2 + (y_B - y_A)^2}$$

ou ainda: $AB = \sqrt{\Delta^2 x + \Delta^2 y}$

Note que quando $x_B - x_A = 0$ ou $y_B - y_A = 0$, isto é, quando o segmento AB for paralelo ao eixo y ou paralelo ao eixo x, obtemos:

$AB = \sqrt{(y_B + y_A)^2} \Rightarrow AB = |y_B - y_A|$ ou

$AB = \sqrt{(x_B + x_A)^2} \Rightarrow AB = |x_B - x_A|$. Expressões que já havíamos obtido. Então, a fórmula

$AB = \sqrt{(x_B - x_A)^2 + (y_B - y_A)^2}$ pode ser usada sem analisar se AB é paralelo a algum eixo ou oblíquo aos eixos.

Exemplo: Determine a distância entre os pontos A(– 3, 1) e B(1, – 2)

$AB = \sqrt{(x_B - x_A)^2 + (y_B - y_A)^2} = \sqrt{[1 - (-3)]^2 + (-2 - 1)^2} = \sqrt{16 + 9} = \sqrt{25} = 5 \Rightarrow AB = 5$

51 Determine a distância entre os pontos A(– 3, 7) e B(9, 2).

52 Determine a distância entre os pontos A e B nos casos:
a) A(– 4, 5) e B(2, –3)   b) A(9, – 1) e B(3, – 3)   c) A(0, – 5) e B(4, – 1)

53 Determine um ponto do eixo dos ordenados que dista 5 do ponto A(3, –1).

Resp: **41** P(– 13, 25)   **42** A(– 5, 4), B(– 1, – 2), C(7, – 14)   **43** x + 2y + 1 = 0   **44** (2, 2) e (– 6, 6)
45 G(2, 4)   **46** a) (6, 5)   b) (2, 2)   **47** A(2, 19)   **48** a) G(–7, 6)
b) B(–3, 10)   c) B(–7, –7), C(– 3, 3)   **49** A(–12, 12)

54 Determine um ponto, do eixo das abcissas, que é eqüidistante dos pontos A(1, 6) e B(4, 3).

55 Determine um ponto, da bissetriz dos quadrantes ímpares, que eqüidista dos pontos A(−3, 2) e B(3, 8).

56 Se a distância entre os pontos A(a − 3, −2a) e B(2a − 1, 1 − a) é 5, determine A e B.

57 Determinar o perímetro de um triângulo ABC dados A(−3, 1), B(3, −7) e C(−1, −4).

58 Mostre que o triângulo cujos vértices são A(−5, 7), B(−1, 4) e C(−4, 0) é isósceles.

59 Mostre que o triângulo de vértices A(3, 2), B(−4, −1) e C(0, 9) é triângulo retângulo.

60 Determine o comprimento da mediana AM de um triângulo ABC, dados A(–1, 7) B(– 4, –9) e C(20, –1).

61 Mostre que o quadrilátero ABCD, dados A(–3, –1), B(–2, 5), C(7, 3) e D(6, –3) é um paralelogramo.

62 Dados A(3, –2), B(0, 4), C(– 4, 2) e D(–1, – 4), mostre que ABCD é um retângulo.

63 A(–1, 4) e B(5, –2) são vértices de um quadrado ABCD. Determine.
a) O lado do quadrado   b) A sua diagonal   c) A sua área (Unidade de área = ua.)

64 Dados A(–2, 6), B(–4, 3) e C(4, 2), mostre que ABC é triângulo retângulo e determine sua área.

Resp: **50** A(–1, 9), B(–5, –3), C(15, 3)   **51** 13   **52** a) 10   b) $2\sqrt{10}$ c) $4\sqrt{2}$ **53** (0, 3) ou (0, –5)

65 Determine um ponto que eqüidista dos pontos A(2, 7), B(4, 3) e C(– 3, – 8).

66 Determine o circuncentro do triângulo ABC, dados A(2, 3), B(4, –1) e C(5, 2).
(Circuncentro = centro da circunferência circunscrita ao triângulo).

67 $\overline{AB}$ é hipotenusa de um triângulo retângulo ABC. Dados A(– 6, 8) e B(– 2, 1) e sabendo que C está no eixo das ordenadas, determine C.

68 O vértice A de um triângulo retângulo de hipotenusa BC está na bissetriz dos quadrantes ímpares. Dados B(2, 5), C(11, 7), determine **A**.

69 Dados os vértices A(– 1, – 2) e B(– 4, 4) de um quadrado ABCD, determine **C** e **D**.

Resp: **54** (– 2, 0) **55** $\left(\frac{5}{2}, \frac{5}{2}\right)$ **56** A(–1, – 4) e B(3, –1) ou A(– 8, 10) e B(– 11, 6)
57 $\sqrt{29}$ + 15 **58** AB = BC = 5 ⇒ Δ Isósceles **59** BC² = AB² + AC² ⇒ Δ retângulo
60 AM = 15 **61** Diagonais se cortam ao meio ⇒ paralelogramo
62 AC = BD = $\sqrt{65}$ e $\overline{AC}$ e $\overline{BD}$ se cortam ao meio ⇒ retângulo.
63 a) $6\sqrt{2}$ b) 12   c) 72 u.a.   **64** BC² = AC² + AB² ⇒ Δ retângulo, 26 u.a.

70 A(– 1, – 1) e B(1, 1) são vértices de um triângulo equilátero ABC. Determine o vértice C.

71 Dados A(1, – 5), B(5, 2) e C(2 – k, k – 5), determine **k** de modo que o triângulo ABC seja retângulo em **C**.

72 Determine a bissetriz interna relativa ao vértice A de um triângulo ABC dados A(5, – 1), B(– 1, 7) e C(1, 2).

10) Equação de uma circunferência

Vejamos que relação devem satisfazer as coordenadas **x** e **y** de um ponto P(x,y) pertencente a uma circunferência de centro C(a, b) e raio **r**.

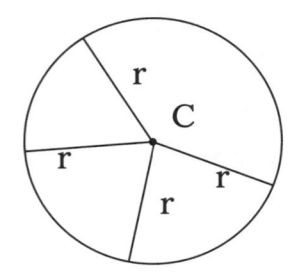

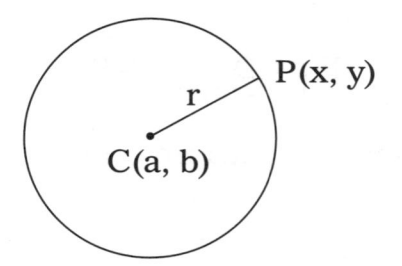

Se P(x, y) pertence à circunferência de centro C(a, b) e raio **r**, então PC = r. Então:

$PC = r \Rightarrow \sqrt{(x-a)^2 + (y-b)^2} = r \Rightarrow (x-a)^2 + (y-b)^2 = r^2$

Então as coordenadas x e y dos pontos P(x, y) que pertencem a uma circunferência de centro C(a, b) e raio **r** devem satisfazer essa relação ou equação: $(x-a)^2 + (y-b)^2 = r^2$

A equação $\boxed{(x-a)^2 + (y-b)^2 = r^2}$, com r > 0, é chamada **equação reduzida** da circunferência de centro **C(a, b)** e raio **r**.

Se o centro C for a origem (0, 0) do plano cartesiano obtemos a equação $(x-0)^2 + (y-0)^2 = r^2$. Isto é:

$$\boxed{x^2 + y^2 = r^2}$$

Desenvolvendo os quadrados na equação $(x-a)^2 + (y-b)^2 = r^2$, obtemos:

$x^2 - 2ax + a^2 + y^2 - 2by + b^2 = r^2 \Rightarrow x^2 + y^2 - 2ax - 2by + a^2 + b^2 - r^2 = 0$

Essa equação é chamada equação geral da circunferência de centro **C(a, b)** e raio **r**.

Donde concluimos que toda equação de circunferência pode ser escrita assim:

$x^2 + y^2 + Dx + Ey + F = 0$,

onde: $\begin{cases} -2a = D \\ -2b = E \\ a^2 + b^2 - r^2 = F \end{cases} \Rightarrow \begin{cases} a = -\dfrac{D}{2} \\ b = -\dfrac{E}{2} \\ r^2 = a^2 + b^2 - F \Rightarrow r^2 = \dfrac{D^2}{4} + \dfrac{E^2}{4} - F \Rightarrow r^2 = \dfrac{D^2 + E^2 - 4F}{4} \end{cases}$

Então: $(a, b) = \left(-\dfrac{D}{2}, -\dfrac{E}{2}\right)$ e $r = \dfrac{1}{2}\sqrt{D^2 + E^2 - 4F}$

Note que para a equação $x^2 + y^2 + Dx + Ey + F = 0$ ser a equação de uma circunferência devemos ter

$D^2 + E^2 - 4F > 0$, pois o raio r é dado por $r = \dfrac{1}{2}\sqrt{D^2 + E^2 - 4F}$.

Isto satisfeito, o centro **C** e o raio **r** de uma circunferência cuja equação é

$x^2 + y^2 + Dx + Ey + F = 0$ são: $\boxed{C = \left(-\dfrac{D}{2}, -\dfrac{E}{1}\right) \text{ e } r = \dfrac{1}{2}\sqrt{D^2 + E^2 - 4F}}$

Resp: | **65** (–5, 1) | **66** (3, 1) | **67** C(0, 4) ou C(0, 5) | **68** A(3, 3) ou $A\left(\dfrac{19}{2}, \dfrac{19}{2}\right)$

69 C(2, 7) e D(5, 1) ou C(–10, 1) e D(–7, –5)

Outro modo de chegarmos a esse resultado é completando os quadrados:

$x^2 + y^2 + Dx + Ey + F = 0 \Rightarrow x^2 + Dx + \ldots + y^2 + Ey + \ldots = \ldots - F \Rightarrow$

$x^2 + 2 \cdot \dfrac{D}{2}x + \dfrac{D^2}{4} + y^2 + 2 \cdot \dfrac{E}{2}y + \dfrac{E^2}{4} = \dfrac{D^2}{4} + \dfrac{E^2}{4} - F \Rightarrow$

$\left(x + \dfrac{D}{2}\right)^2 + \left(y + \dfrac{E}{2}\right)^2 = \dfrac{D^2 + E^2 - 4F}{4}$

Comparando essa equação com $(x - a)^2 + (y - b)^2 = r^2$, obtemos:

$-a = \dfrac{D}{2}, -b = \dfrac{E}{2}$ e $r^2 = \dfrac{D^2 + E^2 - 4F}{4}$ ou seja:

$a = \dfrac{-D}{2}, b = \dfrac{-E}{2}$ e $r = \dfrac{1}{2}\sqrt{D^2 + E^2 - 4F}$

Resumo:

Equação de circunferência de centro **C(a, b)** e raio **r**: $\boxed{(x - a)^2 + (y - b)^2 = r^2}$

Equação de circunferência de centro C(0,0) e raio r: $\boxed{x^2 + y^2 = r^2}$

Para que a equação $x^2 + y^2 + Dx + Ey + F = 0$ seja a equação de uma circunferência devemos ter:

$$\boxed{D^2 + E^2 - 4F > 0}$$

Se $x^2 + y^2 + Dx + Ey + F = 0$ for equação de uma circunferência, o centro C e raio r são dados por

$$\boxed{C = \left(-\dfrac{D}{2}, -\dfrac{E}{2}\right) \quad \text{e} \quad r = \dfrac{1}{2}\sqrt{D^2 + E^2 - 4F}}$$

Exemplo: Determine uma equação da circunferência de centro C (– 3, 4) e raio r = 7

$(x - a)^2 + (y - b)^2 = r^2 \quad (x - [-3])^2 + (y - 4)^2 = 7^2 \Rightarrow (x + 3)^2 + (y - 4)^2 = 49$ (equação reduzida)

Como resposta podemos dar a equação acima ou qualquer uma equivalente a ela. Podemos então fazer:

$x^2 + 6x + 9 + y^2 - 8y + 16 = 49 \Rightarrow x^2 + y^2 + 6x - 8y - 24 = 0$ (equação geral)

Costumos dar como resposta: $(x + 3)^2 + (y - 4)^2 = 49$ ou $x^2 + y^2 + 6x - 8y - 24 = 0$.

Exemplo: Determine o centro e o raio da circunferência de equação $(x - 8)^2 + (y + 5)^2 = 64$.

Comparando a equação dada $(x - 8)^2 + (y - [-5])^2 = 8^2$ com a equação $(x - a)^2 + (y - b)^2 = r^2$ obtemos:

a = 8, b = – 5 e r = 8. Então: C(8, – 5) e r = 8

Exemplo: Determine o centro e o raio da circunferência de equação $x^2 + y^2 + 8x - 10y + 32 = 0$.

1º modo: (Usando as fórmulas)

$a = \dfrac{-D}{2} = \dfrac{-8}{2} = -4, b = \dfrac{-E}{2} = \dfrac{-(-10)}{2} = 5 \Rightarrow C(-4, 5)$

$r = \dfrac{1}{2}\sqrt{D^2 + E^2 - 4F} = \dfrac{1}{2}\sqrt{64 + 100 - 4 \cdot 32} = \dfrac{1}{2}\sqrt{36} = \dfrac{1}{2}(6) = 3 \Rightarrow r = 3$

2º modo: (Completando os quadrados)

$x^2 + 8x + \ldots + y^2 - 10y + \ldots = \ldots + \ldots - 32$

$x^2 + 8x + 16 + y^2 - 10y + 25 = 16 + 25 - 32$

$(x + 4)^2 + (y - 5)^2 = 9 \quad (x - [-4])^2 + (y - 5)^2 = 3^2 \quad C(-4, 5)$ e r = 3

Exemplo: Determine **k** de modo que equação $x^2 + y^2 - 4x + 8y + k = 0$ seja a equação de uma circunferência.

1º modo: (Usando a fórmula)

$D^2 + E^2 - 4F > 0 \Rightarrow (-4)^2 + (8)^2 - 4k > 0 \Rightarrow 16 + 64 - 4k > 0 \Rightarrow 80 > 4k \Rightarrow$ $\boxed{k < 20}$

2º modo: (Completando os quadrados)

$x^2 - 4x + \ldots + y^2 + 8y + \ldots = \ldots + \ldots - k$

$x^2 - 4x + 4 + y^2 + 8x + 16 = 4 + 16 - k \Rightarrow (x-2)^2 + (y+4)^2 = 20 - k$

como $20 - k = r^2$ devemos ter:

$$\boxed{20 - k > 0 \Rightarrow k < 20}$$

A equação é a equação de uma circunferência quando $k < 20$, $k \in \mathbf{R}$.

11) Posição entre um ponto e uma circunferência

Considere uma circunferência **f** de centro $C(a, b)$ e raio r.
A respeito da posição relativa entre um ponto **P** e a circunferência **f**, podemos afirmar que:

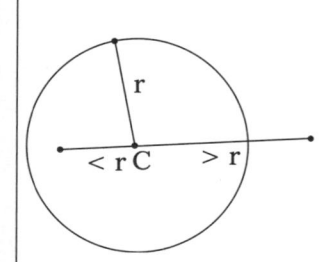

P está na circunferência **f** $\Leftrightarrow PC = r \Leftrightarrow PC^2 = r^2 \Leftrightarrow PC^2 - r^2 = 0$

P é interior à circunferência **f** $\Leftrightarrow PC < r \Leftrightarrow PC^2 < r^2 \Leftrightarrow PC^2 - r^2 < 0$

P é exterior à circunferência **f** $\Leftrightarrow PC < r \Leftrightarrow PC^2 > r^2 \Leftrightarrow PC^2 - r^2 > 0$

Como

$$PC^2 = r^2 = \left(\sqrt{(x_p - a)^2 + (y_p - b)^2}\right)^2 - r^2 = x_p^2 + y_p^2 - 2ax_p + a^2 + b^2 - r^2$$

considerando a expressão $E(x, y) = x^2 + y^2 - 2ax - 2by + a^2 + b^2 - r^2$, expressão, do primeiro membro da equação geral da circunferência, note que $PC^2 - r^2 = E(x_p, y_p)$.

Então podemos achar a posição relativa entre um ponto $P(x_p, y_p)$ e uma circunferência **f** de equação geral $E(x, y) = x^2 + y^2 - 2ax - 2by + a^2 + b^2 - r^2 = 0$ da seguinte forma:

$E(x_p, y_p) = 0 \Leftrightarrow$ P está na circunferênca f

$E(x_p, y_p) < 0 \Leftrightarrow$ P é interior à circunferência f

$E(x_p, y_p) > 0 \Leftrightarrow$ P é exterior à circunferência f

Exemplo: Determine a posição relativa entre os pontos $A(-1, 3)$, $B(-2, 2)$ e $C(3, -2)$ e a circunferência **f** de equação $x^2 + y^2 + 6x - 3y + 5 = 0$

Considere a expressão $E(x, y) = x^2 + y^2 + 6x - 3y + 5 = 0$

• $A(-1, 3) \Rightarrow (-1, 3) = (-1)^2 + 3^2 + 6(-1) - 3(3) + 5 = 0 \Rightarrow E(-1, 3) = 0$

$\Rightarrow$ **A pertence à circunferência f**.

• $B(-2, 2) \Rightarrow E(-2, 2) = (-2)^2 + 2^2 + 6(-2) - 3(2) + 5 = 13 - 18 = -5 \Rightarrow E(-2, 2) < 0$

$\Rightarrow$ **B é interior à circunferência f**.

• $C(3, -2) \Rightarrow E(3, -2) = 3^2 + (-2)^2 + 6(3) - 3(-2) + 5 = 42 \Rightarrow E(3, -2) > 0$

$\Rightarrow$ **C é exterior à circunferência f**.

Resp: **70** $C(-\sqrt{3}, \sqrt{3})$ ou $C(\sqrt{3}, -\sqrt{3})$ **71** $k = 3$ ou $k = -\frac{1}{2}$ **72** $\frac{14}{3}\sqrt{2}$

73 Se a distância entre um ponto P(x, y) e um ponto A(a, b) é igual a **r**, escreva a equação que expressa esse fato e elemine o radical, quadrando os dois membros.

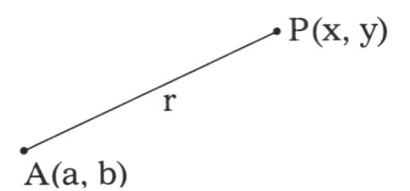

74 Escreva a equação reduzia da circunferência de centro C(a, b) e raio **r** a partir da distância entre um ponto P(x, y) da circunferência e o centro C(a, b).

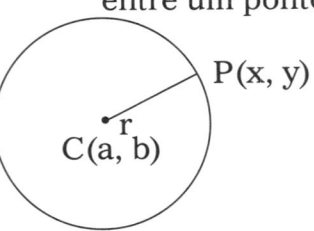

75 Escreva a equação reduzida da circunferência nos casos:

a)

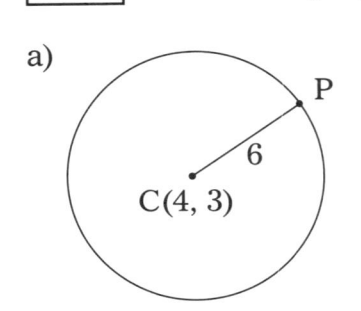

b)

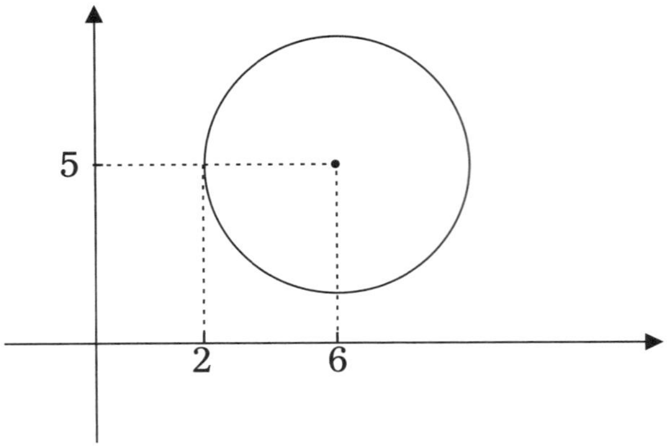

c)

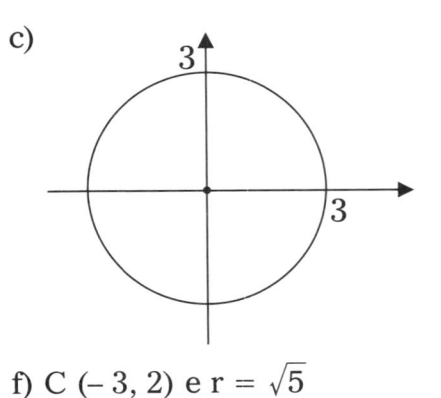

d)

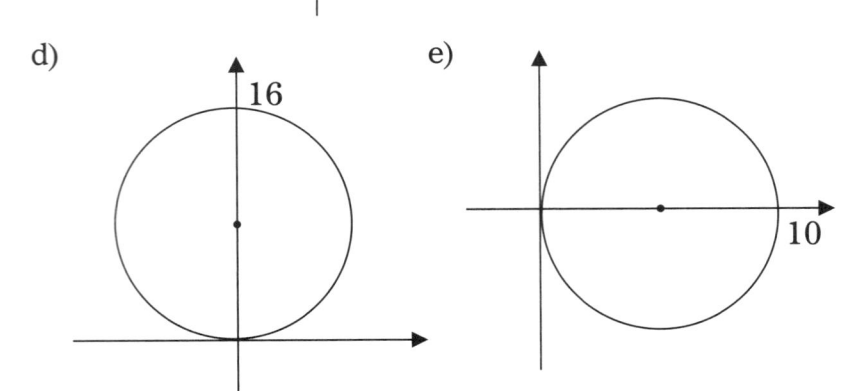

e)

f) C (−3, 2) e r = $\sqrt{5}$

g) C(5, −2) e r = 5

h) C(−4, −5) e r = $\sqrt{41}$

i) C(−2, 3) e r = 6

76 Em cada caso temos uma circunferência de raio **r** que tangencia os eixos coordenados. Escreva a equação reduzida de cada uma delas:

a) b) 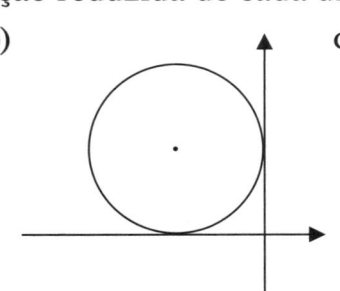 c) 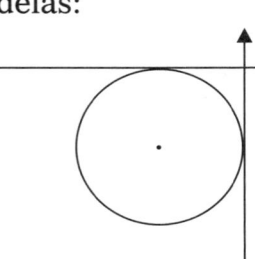 d)

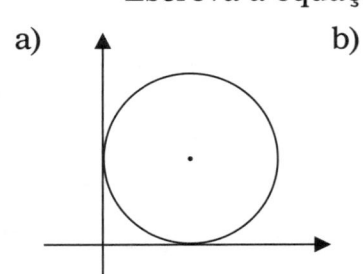

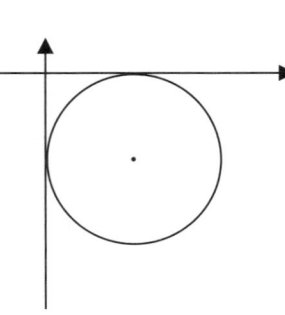

77 Determine a equação geral da circunferência nos casos:

a) b) 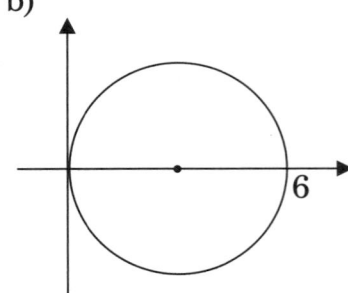 c)

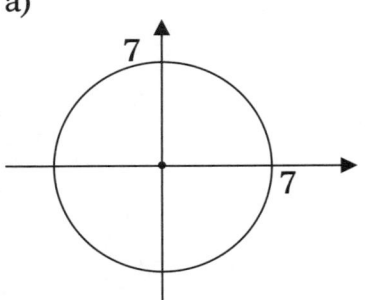

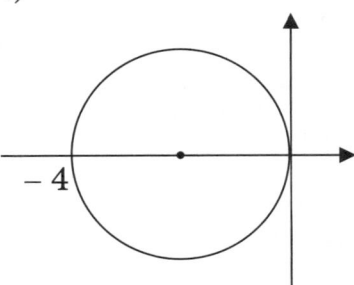

d) 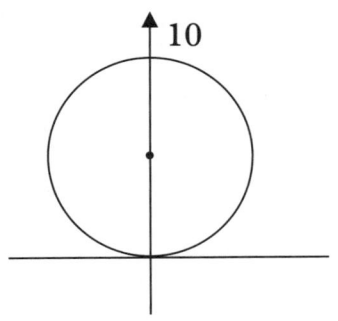 e) 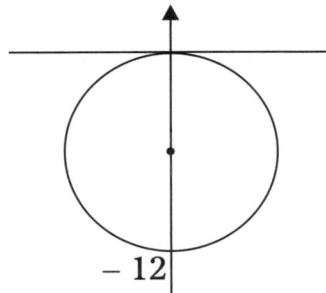 f)

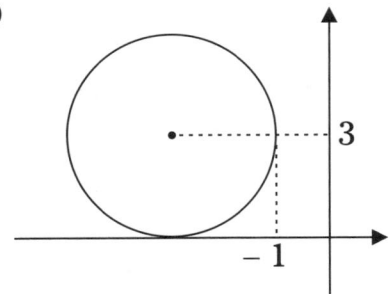

g) $C(-4, -2)$ e $r = 3$

h) $C(-1, 2)$ e $r = 5$

i) $C(0, -4)$ e $r = 4$

j) $C\left(-\dfrac{2}{3}, \dfrac{1}{2}\right)$ e $r = 2$

78. Determine a equação geral da circunferência nos casos:

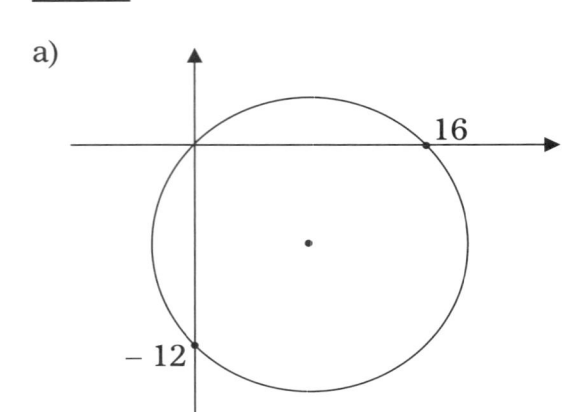

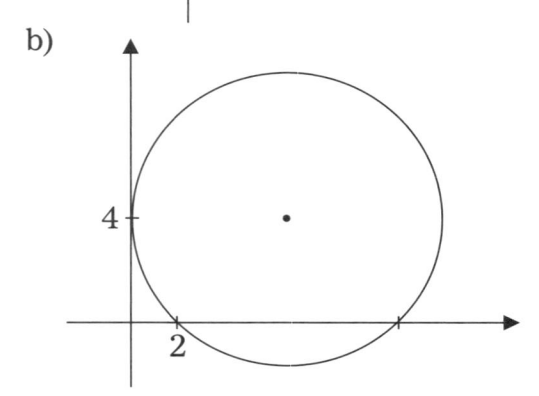

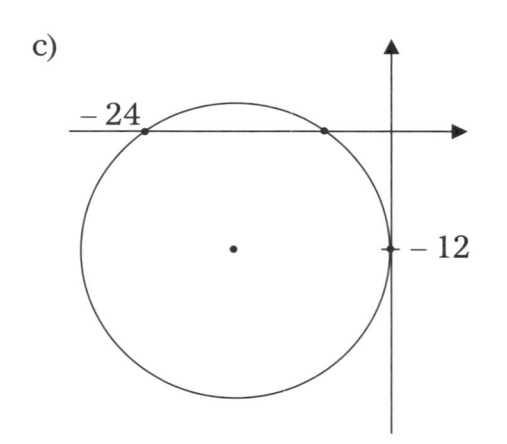

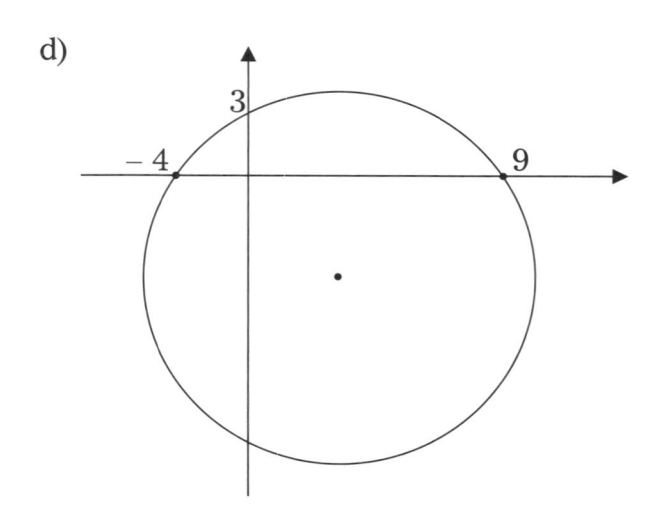

a) $x^2 + y^2 - 16x + 12y = 0$

b) $x^2 + y^2 - 10x - 8y + 16 = 0$

c) $x^2 + y^2 + 24x + 12y = 0$

d) $x^2 + y^2 - 5x + 9y - 36 = 0$

79 Dada a equação reduzida da circunferência determine o centro **C** e o raio **r**, nos casos:

a) $(x - 7)^2 + (y - 9)^2 = 25$

C (,), r =

b) $(x + 5)^2 + (y - 3)^2 = 49$

$[x - (-5)]^2 + (y - 3)^2 = 49$ C(,), r =

c) $(x - 4)^2 + (y + 6)^2 = 12$

d) $x^2 + (y - 4)^2 = 64$

e) $(x + 5)^2 + y^2 = 20$

f) $\left(x - \dfrac{1}{2}\right)^2 + \left(y + \dfrac{5}{3}\right)^2 = 1$

g) $x^2 + y^2 = 81$

h) $x^2 + y^2 = 40$

---

80 Complete a expressão dada, em cada caso, de modo que a expressão obtida seja um trinômio quadrado perfeito e em seguida fatore esse trinômio.

a) $x^2 + 6x + \text{.......} = ($ $)^2$

b) $x^2 - 10x +$

c) $x^2 - 12x +$

d) $y^2 + 20y +$

e) $x^2 + 3x +$

f) $y^2 - 5y +$

g) $y^2 - y +$

h) $y^2 + \dfrac{3}{2}y +$

i) $x^2 - 2ax +$

j) $y^2 - ay +$

k) $x^2 + bx +$

l) $y^2 + \dfrac{b}{3}y +$

m) $x^2 + Dx +$

n) $y^2 + Ey +$

---

81 Transforme em equação reduzida as seguintes equações de circunferência.

a) $x^2 + 10x + 25 + y^2 - 8y + 16 = 9$

b) $x^2 + y^2 - 6y + 9 = 12$

c) $x^2 + 6x + y^2 + 12y + 29 = 0$

$x^2 + 6x + \text{.......} + y^2 + 12y + \text{.......} = -29 \text{........} + \text{.......}$

d) $x^2 + y^2 + 14x - 2y + 2 = 0$

Resp:

73 $(x - a)^2 + (y - b)^2 = r^2$
b) $(x - 6)^2 + (y - 5)^2 = 16$
f) $(x + 3)^2 + (y - 2)^2 = 5$
i) $(x + 2)^2 + (y - 3)^2 = 36$
d) $(x - r)^2 + (y + r)^2 = r^2$

74 $(x - a)^2 + (y - b)^2 = r^2$
c) $x^2 + y^2 = 9$ d) $x^2 + (y - 8)^2 = 64$
g) $(x - 5)^2 + (y + 2)^2 = 25$

76 a) $(x - r)^2 + (y - r)^2 = r^2$ b) $(x + r)^2 + (y - r)^2 = r^2$ c) $(x + r)^2 + (y + r)^2 = r^2$

77 a) $x^2 + y^2 - 28x + 49 = 0$ b) $x^2 + y^2 - 6x = 0$ c) $x^2 + y^2 + 4x = 0$
d) $x^2 + y^2 - 10y = 0$ e) $x^2 + y^2 + 12y = 0$ f) $x^2 + y^2 + 8x - 6y + 16 = 0$ g) $x^2 + y^2 + 8x + 4y + 11 = 0$
h) $x^2 + y^2 + 2x - 4y - 20 = 0$ i) $x^2 + y^2 + 8y = 0$ j) $36x^2 + 36y^2 + 48x - 36y - 119 = 0$

75 a) $(x - 4)^2 + (y - 3)^2 = 36$
e) $(x - 5)^2 + y^2 = 25$
h) $(x + 4)^2 + (y + 5)^2 = 41$

82 Dada a equação geral da circunferência, em cada caso, obtendo primeiramente a equação reduzida, determine o centro e o raio da circunferência.

a) $x^2 + y^2 + 4x - 6y - 3 = 0$

b) $x^2 + y^2 - 10x + 2y + 6 = 0$

c) $x^2 + y^2 + 14y + 41 = 0$

d) $x^2 + y^2 + 12x + 24 = 0$

e) $2x^2 + 2y^2 + 6x - 2y - 3 = 0$

f) $9x^2 + 9y^2 - 6x + 18y + 1 = 0$

83 Complete os trinômios quadrados perfeitos na equação $x^2 + y^2 + Dx + Ey + F = 0$ e mostre que para ela ser a equação de uma circunferência devemos ter $D^2 + E^2 - 4F > 0$ e que o centro e o raio são dados por: $C\left(-\dfrac{D}{2}, -\dfrac{E}{2}\right)$ e $r = \dfrac{1}{2}\sqrt{D^2 + E^2 - 4F}$

84 Determine o centro e o raio da circunferência dada sua equação, nos casos:
a) $x^2 + y^2 - 10x + 12y + 12 = 0$
1º Modo (Fatorando)

2º Modo (Usando as fórmulas)

b) $9x^2 + 9y^2 + 72x - 12y + 130 = 0$
1º Modo (Fatorando)

2º Modo (Usando as fórmulas)

85 Desenvolvendo os quadrados em $(x - a)^2 + (y - b)^2 = r^2$ obtemos $x^2 + y^2 - 2ax - 2ay + a^2 + b^2 - r^2 = 0$.

Comparando essa equação com $x^2 + y^2 + Dx + Ey + F = 0$ obtemos:

$-2a = D \Rightarrow a = -\dfrac{D}{2} \Rightarrow$ (**a** é o oposto da metade do coeficiente de x)

$-2b = E \Rightarrow b = -\dfrac{E}{2} \Rightarrow$ (**b** é o oposto da metade do coeficiente de y)

$F = a^2 + b^2 - r^2 \Rightarrow$ (**a** constante F é $a^2 + b^2 - r^2$).

Usando este processo, determine o centro e o raio da circunferência nos casos:

a) $x^2 + y^2 - 6x - 4y - 3 = 0$
 $C(3, 2), -3 = a^2 + b^2 - r^2$
 $-3 = 9 + 4 - r^2 \Rightarrow r =$

b) $x^2 + y^2 + 8x - 10y - 23 = 0$

c) $x^2 + y^2 - 2x + 10y + 25 = 0$

d) $2x^2 + 2y^2 + 12x - 24y + 66 = 0$

e) $x^2 + y^2 - 3x + 5y + 5 = 0$

f) $4x^2 + 4y^2 - 6x - 7y + 4 =$

---

86 Pelo método que você preferir, determine o centro e o raio da circunferência nos casos:

a) $x^2 + y^2 + 10x - 6y - 2 = 0$

b) $x^2 + y^2 - 14x + 4y - 68 = 0$

c) $2x^2 + 2y^2 - 6x + 10y - 1 = 0$

d) $x^2 + y^2 + 4x - 3y + 6 = 0$

Resp: **78** a) $x^2 + y^2 - 16x + 12y = 0$ b) $x^2 + y^2 - 10x - 8y + 16 = 0$ c) $x^2 + y^2 + 30x + 24y + 144 = 0$ d) $x^2 + y^2 - 5x + 9y - 36 = 0$

79 a) $C(7, 9), r = 5$ b) $C(-5, 3), r = 7$ c) $C(4, -6), r =$ d) $C(0, 4), r = 8$ e) $C(-5, 0), r = 2\sqrt{5}$
f) $C\left(\dfrac{1}{2}, \dfrac{5}{3}\right), r = 1$ g) $C(0, 0), r = 9$ h) $C(0, 0), r = 2\sqrt{10}$ **80** a) $+9, (x + 3)^2$ b) $+25, (x - 5)^2$
c) $+36, (x - 6)^2$ d) $+100, (x + 10)^2$ e) $+\dfrac{9}{4}, \left(x + \dfrac{3}{2}\right)^2$ f) $+\dfrac{25}{4}, \left(y - \dfrac{5}{2}\right)^2$ g) $+\dfrac{1}{4}, \left(y - \dfrac{1}{2}\right)^2$ h) $+\dfrac{9}{16}, \left(y + \dfrac{3}{4}\right)^2$
i) $+a^2, (x - a)^2$ j) $+\dfrac{a^2}{4}, \left(y - \dfrac{a}{2}\right)^2$ k) $+\dfrac{b^2}{4}, \left(x + \dfrac{b}{2}\right)^2$ l) $+\dfrac{b^2}{36}, \left(y + \dfrac{b}{6}\right)^2$ m) $+\dfrac{D^2}{4}, \left(x + \dfrac{D}{2}\right)^2$ n) $+\dfrac{E^2}{4}, \left(y + \dfrac{E}{2}\right)^2$
81 a) $(x + 5)^2 + (y - 4)^2 = 9$ b) $x^2 + (y - 3)^2 = 12$ c) $(x + 3)^2 + (y + 6)^2 = 16$ d) $(x + 7)^2 + (y - 1)^2 = 48$

87 Determine k de modo que a equação dada seja a equação de uma circunferência, nos casos:

a) $x^2 + y^2 - 4x + 6y + k = 0$

b) $x^2 + y^2 - 2kx - 2y + k = 0$

c) $x^2 + y^2 - (1-k)x - 2y + k = 0$

d) $(k+1)x^2 + (k+1)y^2 - (k^2-1)x + (2k+2)y + k^2 + 2k + 1 = 0$

---

88 Determine a equação de uma circunferência que passa por **P** e tem centro **C** nos casos. (Como resposta pode dar a equação reduzida ou geral).

a) C(-8, 1) e P(-4, 4)

b) C(0, 3) e P(5, -9)

c) C(0, 0) e P(-6, 8)

d) C(-5, -2) e P(-1, 6)

89 Se A(– 1, 4) e B(7, – 2) são as extremidades de um diâmetro de uma circunferência, determine a equação dessa circunferência.

90 Determinar a equação da circunferência que passa pelos pontos A(3, 3), B(6, 2) e C(8, – 2).

Resp: **82** a) C(– 2, 3), r = 4 b) C(5, – 1), r = $2\sqrt{5}$ c) C(0, – 7), r = $2\sqrt{2}$ d) C(– 6, 0), r = $2\sqrt{3}$
e) $C\left(-\frac{3}{2}, \frac{1}{2}\right)$, r = 2 f) $C\left(\frac{1}{3}, -1\right)$, r = 1 **83** Basta somar a ambos os membros da equação $\frac{D^2}{4} + \frac{E^2}{4}$, fatorar os trinômios e compará-la com $(x - a)^2 + (y - b)^2 = r^2$. **84** a) C (5, – 6), r = 7 b) $C\left(-4, \frac{2}{3}\right)$, r = $\sqrt{2}$
85 a) C (3, 2), r = 4 b) C (– 4, 5), r = 8 c) C (1, – 5), r = 1 d) C (– 3, 6), r = $2\sqrt{3}$
e) $C\left(\frac{3}{2}, -\frac{5}{1}\right)$, r = $\frac{\sqrt{14}}{2}$ f) $C\left(\frac{3}{4}, \frac{7}{8}\right)$, r = $\frac{\sqrt{21}}{8}$ **86** a) C(– 5, 3), r = 6 b) C(7, – 2), r = 11
c) $C\left(\frac{3}{2}, \frac{5}{2}\right)$, r = 3 d) $C\left(-2, \frac{3}{2}\right)$, r = $\frac{1}{2}$

91 Dada a circunferência $(x-8)^2 + \left(y - \dfrac{9}{2}\right)^2 = \dfrac{481}{4}$, determine.

a) Os pontos onde ela corta o eixo das abscissas.

b) Os pontos onde ela corta o eixo das ordenadas.

92 Determine os pontos onde a circunferência $x^2 + y^2 - 14x + 4y - 32 = 0$ encontra os eixos coordenados.

93 Determine os pontos da circunferência $x^2 + y^2 + 12x - 2y + 12 = 0$ nos casos:

a) cuja abscissa é -6

b) cuja ordenada é 1

c) cuja ordenada é 6

d) cuja abscissa é -2

94 Determine k para que o ponto P (4, – 4) pertença a circunferência **f** cuja equação é $x^2 + y^2 + 4x - (k - 2)y - 8k = 0$.

95 Determine k de modo que o raio da circunferência $x^2 + y^2 - 4x + 10y + k = 0$ seja igual a 9.

96 Dada a circunferência $x^2 + y^2 - 10x - 18y + 66 = 0$, determine o comprimento da corda, dessa circunferência, cujo ponto médio é (3, 5).

97 Determine a equação da circunferência circunscrita ao triânguloABC, dados A(8, – 2), B(3, – 7) e C(6, 2).

Resp: **87** a) k < 13   b) ∀ k, k ∈ R   c) k ∈ R | k < 1 ∨ k > 5   d) k ∈ R | k ≠ = – 1 ∧ k < 3 – 2√2 ∨ k > 3 + 2√2

88 a) $(x + 8)^2 + (y - 1)^2 = 25$ b) $x^2 + (y - 3)^2 = 169$ c) $x^2 + y^2 = 100$ d) $(x + 5)^2 + (y + 2)^2 = 80$

89 $(x - 3)^2 + (y - 1)^2 = 25$ **90** $(x - 3)^2 + (y + 2)^2 = 25$

98 Determine a equação da circunferência circunscrita ao triângulo ABC, dados A(– 7, 2), B(– 1, 6) e C(5, – 3).
Sugestão: Determine antes a natureza do triângulo.

99 Determine os pontos onde a circunferência $x^2 + y^2 + 4x - 4y - 24 = 0$ intercepta a bissetriz dos quadrantes pares.

100 Determine a intersecção das circunferências f_1 e f_2 de equações (f_1) $x^2 + y^2 - 26x - 2y + 45 = 0$ e (f_2) $x^2 + y^2 - 2x - 10y + 21 = 0$ e determine o comprimento da corda comum a elas.

101 Determine a equação da circunferência que passa por P(8, 1) e tangencia os eixos coordenados.

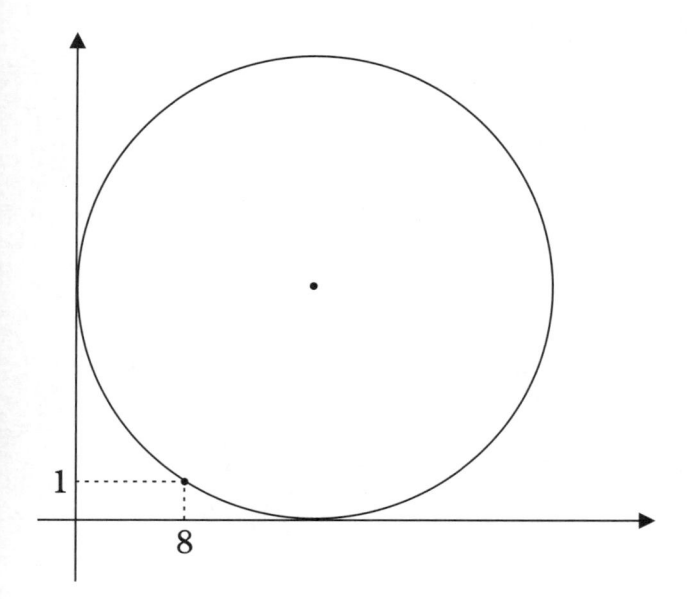

102 Determine a corda comum às circunferência que passam por P(– 6, 2) e tangenciam os eixos coordenados.

103 Dada a circunferência **f** de equação $(x-3)^2 + (y+6)^2 = 25$, determinando a distância entre o ponto P e o centro, dizer qual é a posição entre o ponto P e circunferência **f**, nos casos:
a) P(5, – 3) b) P(6, – 3) c) P(– 1, – 1)

Resp: **91** a) (– 2, 0) e (18, 0)   b) (0, – 3) e (0, 12)   **92** (– 2, 0), (16, 0), (0, 4) e (0, – 8)
93 a) (– 6, 6) e (– 6, – 4)   b) (– 1, 1), (– 11, 1)   c) (– 6, 6)   d) (– 2, – 2) e (– 2, 4)
94 k = 10   **95** k = – 52   **96** $4\sqrt{5}$ **97** $x^2 + y^2 - 6x + 4y - 12 = 0$

104 Dizer qual é a posição relativa entre o ponto **P** e a circunferência **f** de equação $x^2 + y^2 + 4x - 6y - 3 = 0$ nos casos:

Sugestão: Considere a expressão $E(x, y) = x^2 + y^2 + 4x - 6y - 3$

a) $P(0, 0)$

b) $P(1, -1)$

c) $P(0, 3)$

d) $P(2, 3)$

e) $P(-4, 6)$

f) $P(2, 1)$

---

105 Determine **k** nos casos:

a) De modo que a equação $x^2 + y^2 - 7x + 3y + k = 0$ seja equação de uma circunferência.

b) De modo que o ponto $P(2, 3)$ seja interno à circunferência de equação $x^2 + y^2 + 2x - 3y + k = 0$.

c) De modo que o ponto $P(2, -3)$ seja externo à circunferência de equação $x^2 + y^2 - 3x + 5y + k = 0$.

d) De modo que o ponto $P(-1, 3)$ seja externo à circunferência $x^2 + y^2 - 2x - (k+1)y + 2k = 0$.

106 Representar no plano cartesiano os pontos P(x, y) cujas coordenadas satisfazem a condição dada nos casos:

a) $x^2 + y^2 = 4$

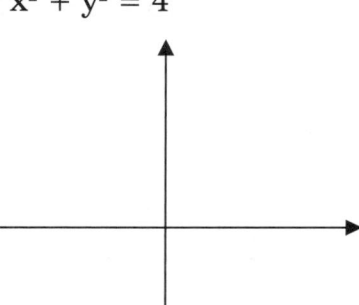

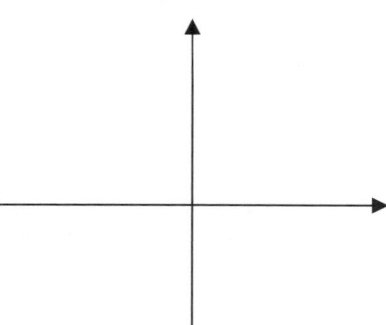

b) $x^2 + y^2 \leq 9$

c) $x^2 + y^2 > 4$

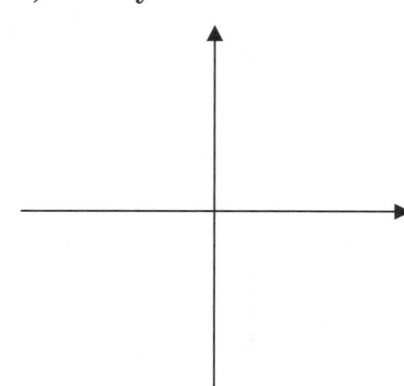

d) $x^2 + y^2 - 4x - 5 = 0$

e) $x^2 + y^2 - 6y + 5 < 0$

f) $x^2 + y^2 + 6x \geq 0$

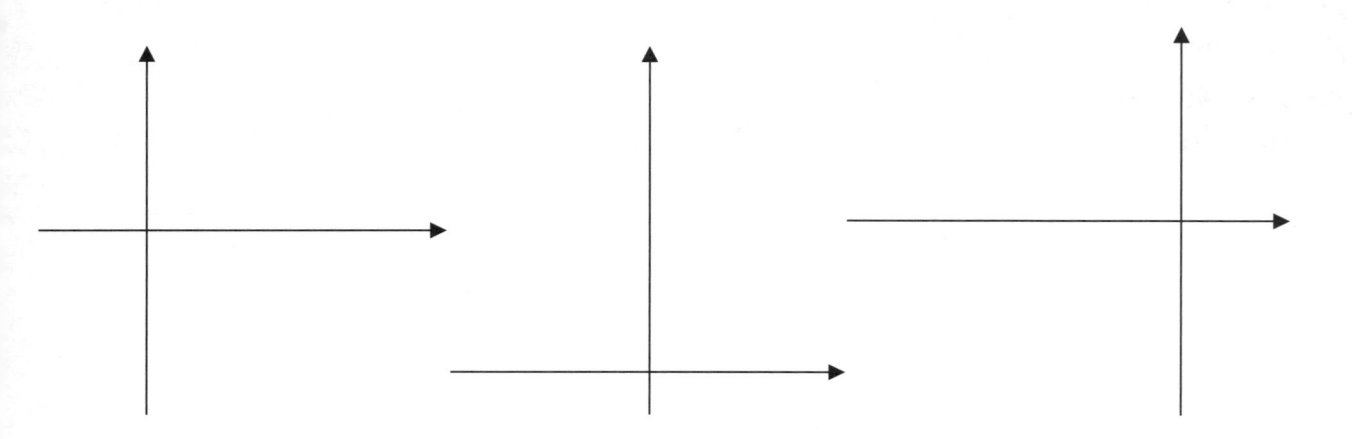

g) $\begin{cases} x \geq 0 \\ x^2 + y^2 - 6x - 2y - 15 \leq 0 \end{cases}$

h) $\begin{cases} |x| > 1 \\ x^2 + y^2 - 9 \leq 0 \end{cases}$

i) $\begin{cases} |x| \leq 1 \\ x^2 + y^2 - 9 \leq 0 \end{cases}$

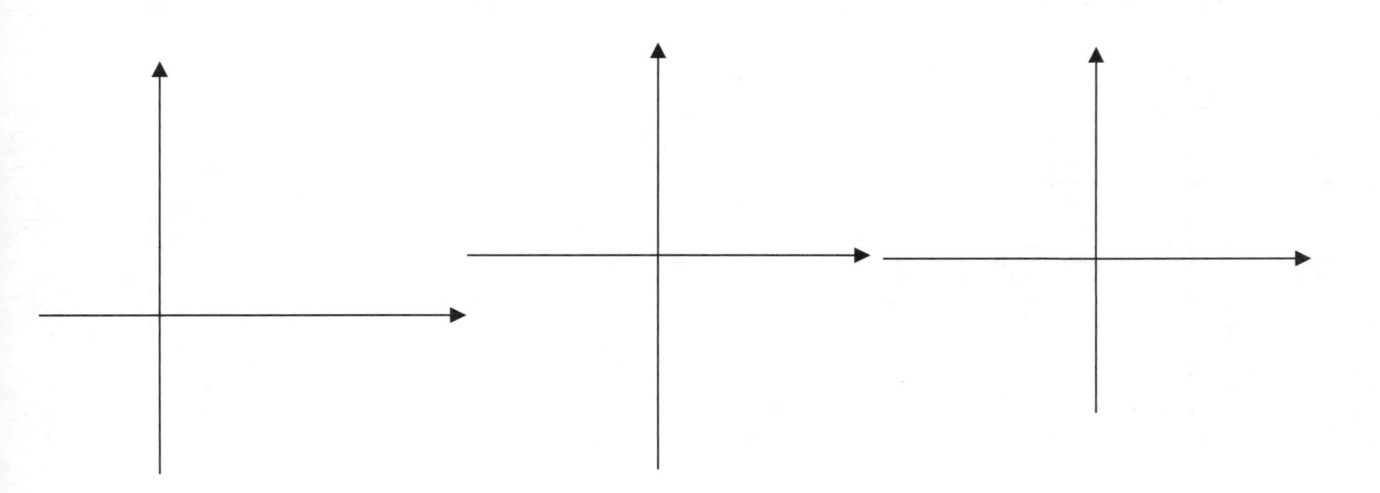

Resp: **98** $x^2 + y^2 + 4x - 4y - 24 = 0$ **99** (−6, 6), (2, −2) **100** $\{(2,3),(3,6)\}, \sqrt{10}$ **101** $(x-5)^2 + (y-5)^2 = 25$ ou $(x-13)^2 + (y-13)^2 = 169$ **102** $4\sqrt{2}$ **103** a) Interno à circunferência b) Pertence à circunferência c) Externo à circunferência.

45

107 Resolver, graficamente, os seguintes sistemas:

a) $\begin{cases} y > x \\ x^2 + y^2 \geq 9 \end{cases}$

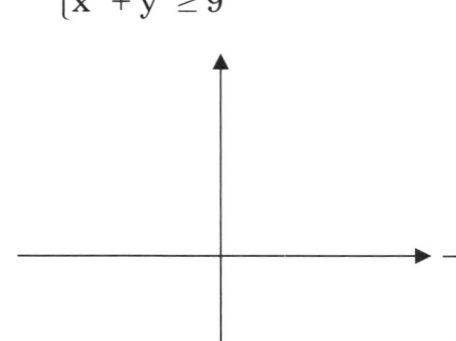

b) $\begin{cases} y > -x \\ x^2 + y^2 \leq 25 \end{cases}$

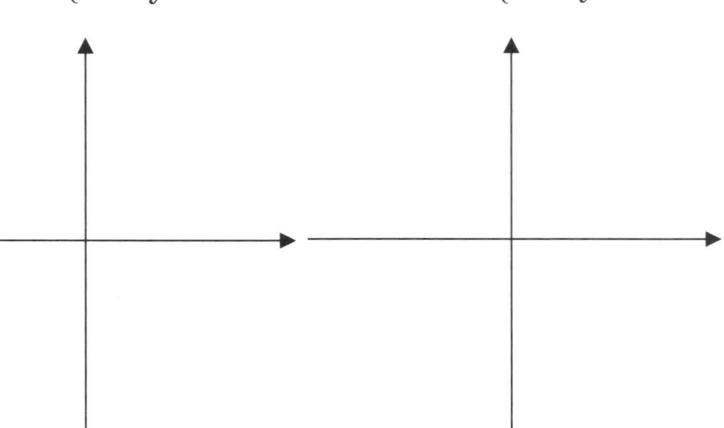

c) $\begin{cases} |y| \geq |x| \\ x^2 + y^2 \geq 16 \end{cases}$

108 Resolver o sistema:

$\begin{cases} x^2 + y^2 - 4x \geq 0 \\ x^2 + y^2 - 14x + 40 > 0 \\ x^2 + y^2 - 10x < 0 \end{cases}$

109 Em cada caso está sombreado uma região do plano cartesiano.
Monte para cada caso um sistema de inequações cuja solução seja a região sombreada.

a)

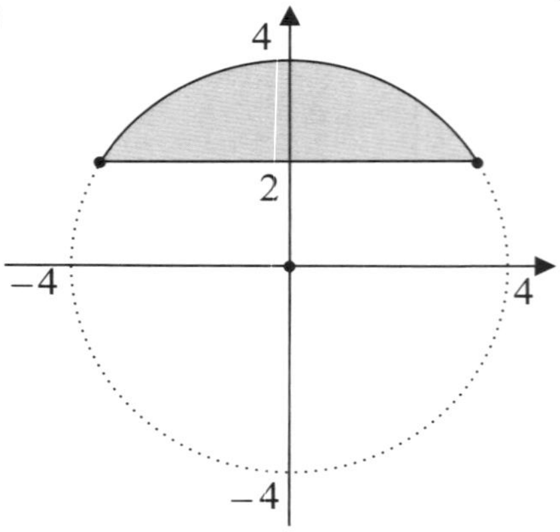

b)

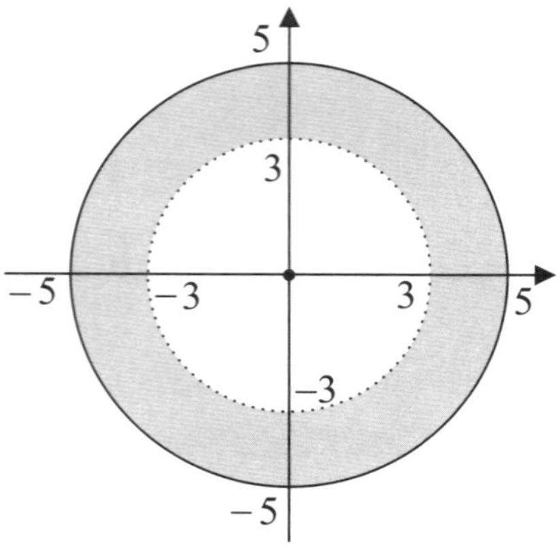

c)

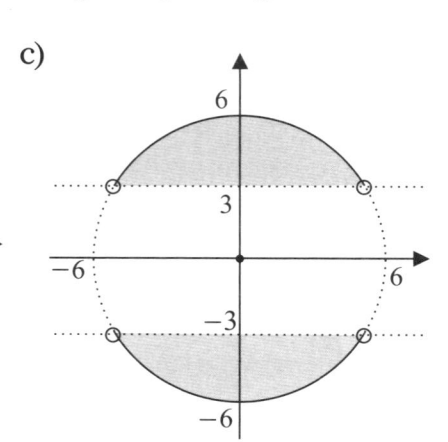

d)

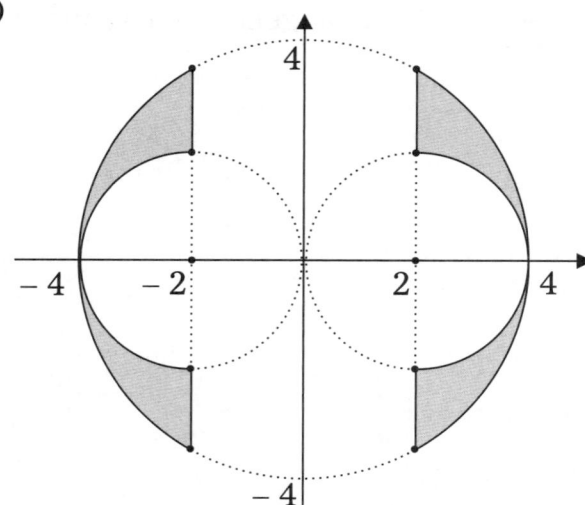

e)

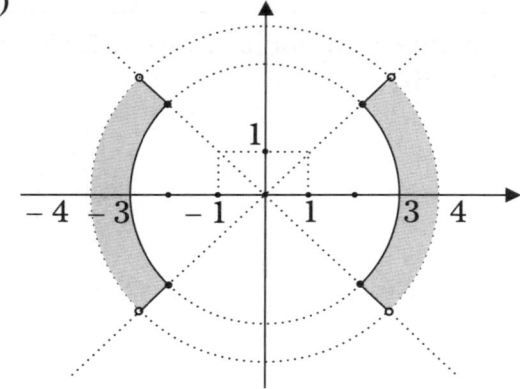

Resp: **104** a) Interno à f b) Externo à f c) Interno à f d) Pertencente à f e) Interno à f
f) Externo à f **105** a) $k < \dfrac{29}{2}$ b) $k < -8$ c) $8 < k < \dfrac{17}{2}$ d) $k < 1$ ou $5 < k < 9$

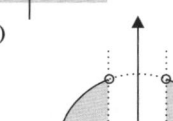

106 a) b) 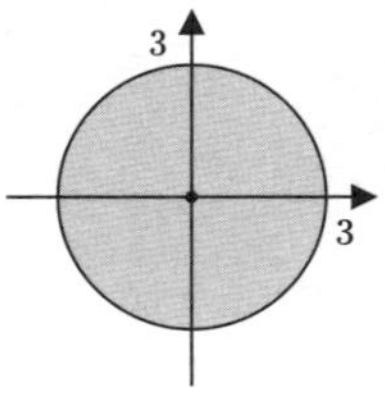 c) 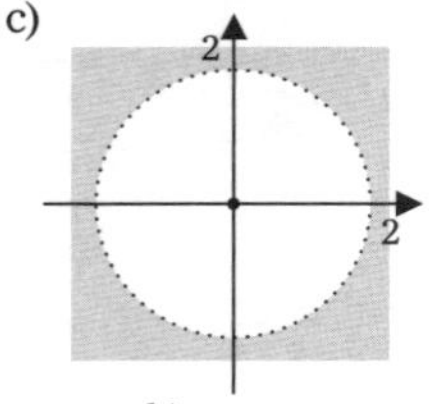 d) 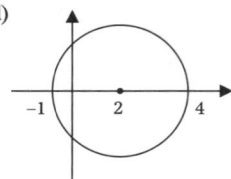 e) 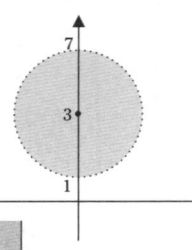 f) 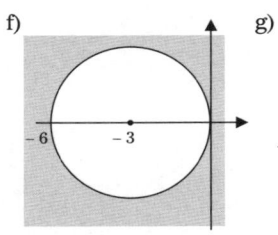 g) 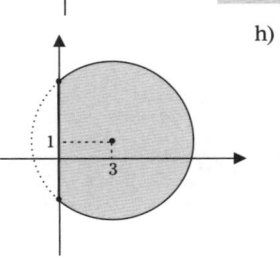 h) 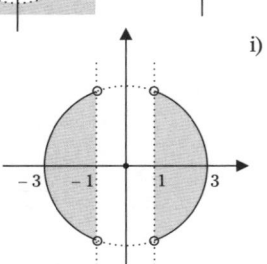 i)

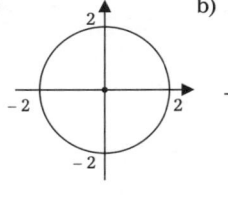

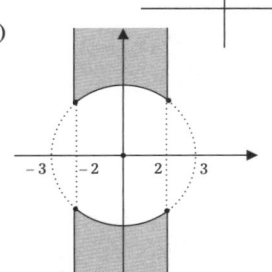

110 Determine a equação de uma circunferência de raio 7 que tangencia a circunferência **f** de equação $x^2 + y^2 - 8x + 12 = 0$ no ponto $P(6, 0)$.

111 Determine a equação de uma circunferência de raio 5 que tangencia a circunferência **f** de equação $x^2 + y^2 + 12x + 6y - 180 = 0$ no ponto $P(6, 6)$.

112 Dada a circunferência (f): $x^2 + y^2 + 8x + 10y + 16 = 0$ e o ponto $P(5, 7)$, determine os pontos onde a reta que passa por **P** e pelo centro **f** intercepta a circunferência **f**.

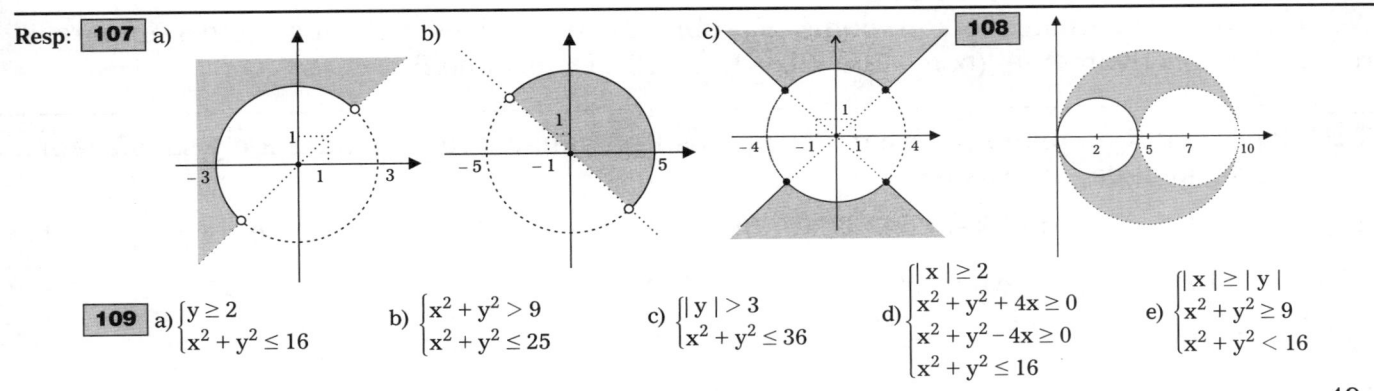

Resp: **107** a) b) c) **108**

109 a) $\begin{cases} y \geq 2 \\ x^2 + y^2 \leq 16 \end{cases}$ b) $\begin{cases} x^2 + y^2 > 9 \\ x^2 + y^2 \leq 25 \end{cases}$ c) $\begin{cases} |y| > 3 \\ x^2 + y^2 \leq 36 \end{cases}$ d) $\begin{cases} |x| \geq 2 \\ x^2 + y^2 + 4x \geq 0 \\ x^2 + y^2 - 4x \geq 0 \\ x^2 + y^2 \leq 16 \end{cases}$ e) $\begin{cases} |x| \geq |y| \\ x^2 + y^2 \geq 9 \\ x^2 + y^2 < 16 \end{cases}$

113 Localizar os seguintes pontos no plano cartesiano.
a) A(3, – 4), B(3, 4), C(– 3, 2), D(– 4, – 3), E(– 2, 3)
b) A(0, – 3), B(– 2, 0), C(0, 3), D(1, 0), E(3, 0)
c) A(2, 2), B(– 1, – 1), C(3, 3), D(– 3, – 3)
d) A(– 3, 3), B(3, – 3), C(–2, 2), D(2, – 2)

114 Dar a localização do ponto em questão nos casos:
a) Ele tem abscissa positiva e ordenada negativa.
b) Ele tem abscissa negativa e ordenada positiva.
c) Ele tem abscissa e ordenada negativas.
d) Ele tem abscissa e ordenada positivas.
e) Ele tem abscissa nula.
f) Ele tem ordenada nula.
g) Ele tem abscissa e ordenada iguais.
h) A abscissa e ordenada dele são opostas.

115 Dados os pontos A(7, 9), B(– 6, 2), C(5, – 1), D(– 3, – 5), E(– 8, 0) e F(0, 6), determine:
a) As projeções ortogonais deles sobre o eixo das abscissas.
b) As projeções ortogonais deles sobre o eixo das ordenadas.
c) Os simétricos deles em relação ao eixo das abscissas.
d) Os simétricos deles em relação ao eixo das ordenadas.
e) Os simétricos deles em relação à origem do sistema

116 Dado o ponto P(1, 7), determine:
a) O simétrico de P em relação à bisssetriz dos quadrantes ímpares.
b) O simétrico de P em relação à bissetriz dos quadrantes pares.
c) A projeção ortogonal de P sobre a bissetriz dos quadrantes ímpares.
d) A projeção ortogonal de P sobre a bissetriz dos quadrantes pares.

117 Sendo P = (2a – 8, 4 – a), determine **P** nos casos:
a) **P** pertence ao eixo das abscissas.
b) **P** pertence ao eixo das ordenadas.
c) **P** pertence à bissetriz dos quadrantes ímpares.
d) **P** pertence à bissetriz dos quadrantes pares.
e) A projeção ortogonal de **P** sobre o eixo das abscissas é P'(– 4, 0).
f) A projeção ortogonal de **P** sobre o eixo ordenadas é P"(0, 3).

118 Resolver:
a) Se P(2a + 3, b – 1) e Q(2a – 3, 9 – b) são simétricos, um do outro, em relação à bissetriz dos quadrantes ímpares, determine P e Q.
b) Se A(a – 4, 3b – 3) e B(4 – 2a, 5 – 2b) são simétricos, um do outro, em relação à bissetriz dos quadrantes pares, determine A e B.
c) As projeções ortogonais de um ponto **P** sobre as bissetrizes dos quadrantes ímpares e pares são, respectivamente, (b, a – 2) e (2b – 1, a – 10). Determine **P**.

119 Representar no plano cartesiano os pontos P(x, y) cujas coordenadas **x** e **y** satisfazem a condição dada, nos casos:
a) $x \leq 3$ e $y \geq 1$
b) $2x - 1 > 3$ e $3y + 1 \leq 10$
c) $-1 < x < 3$ e $1 \leq y \leq 4$
d) $|x| \leq 2$ e $|y| < 3$
e) $xy \geq 0$
f) $xy < 0$
g) $x + y \geq 0$
h) $x + y < 0$
i) $x - y \geq 0$
j) $x - y < 0$

120 Representar os pontos P(x, y) no plano cartesiano, de modo que as coordenadas satisfazem a relação dada, nos casos:

a) $|2x - 1| < 7$ e $|3 - 2y| \leq 5$

b) $x^2 - 4x + 3 \leq 0$ e $y^2 - 9 < 0$

c) $\dfrac{x}{y} \geq 5$

d) $\dfrac{x}{y} < 5$

e) $(x - 3)(y - 2) \geq 0$

f) $\dfrac{x - 3}{y - 2} \geq 0$

g) $\dfrac{x - y}{x - 3} \geq 0$

h) $\dfrac{x + y}{y - 2} \leq 0$

i) $\dfrac{x + y}{x - y} \leq 0$

j) $\dfrac{x^2 - 9}{y^2 - 4} \leq 0$

121 Representar no plano cartesiano os pontos (x, y) dada uma relação entre **x** e **y** nos casos:

a) $x^2 - 3x - 4 = 0$

b) $x^2 - 9 = 0$

c) $x^2 - 8 = 0$

d) $y^2 - 6y + 8 = 0$

e) $y^2 - 2y - 3 = 0$

f) $x - 3 = 0$ e $y - 2 = 0$

g) $x - 3 = 0$ ou $y - 2 = 0$

h) $(x + 2)(y - 3) = 0$

i) $xy - 3x - 2y + 6 = 0$

Resp: **110** $x^2 + y^2 + 2x - 48 = 0$ ou $x^2 + y^2 - 26x + 120 = 0$ **111** $x^2 + y^2 - 4x - 6y - 12 = 0$ ou $x^2 + y^2 - 20x - 18y + 156 = 0$

112 $(-1, -1)$ e $(-7, -9)$

113 a) b) 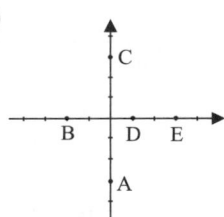 c) 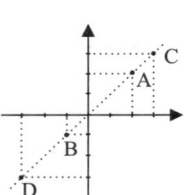 d)

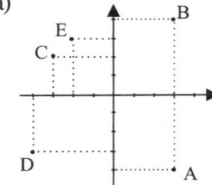

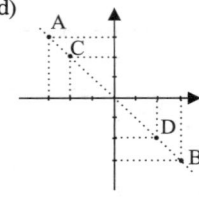

114 a) No 4º quadrante   b) No 2º quadrante   c) No 3º quadrante   d) No 1º quadrante   e) No eixo das ordenadas
f) No eixo das abscissas   g) Na bissetriz dos quadrantes ímpares   h) Na bissetriz dos quadrantes pares

115 a) A'(7, 0),   B'(-6, 0),   C'(5, 0),   D'(-3, 0),   E'(-8, 0),   F'(0, 0)
b) A'(0, -9), B'(0, 2),   C'(0, -1), D'(0, -5),   E'(0, 0),   F'(0, 6)
c) A'(7, -9),   B'(-6, -2),   C'(5, 1),   D'(-3, 5),   E'(-8, 0),   F'(0, -6)
d) A'(-7, 9),   B'(6, 2),   C'(-5, -1),   D'(3, -5),   E'(8, 0),   F'(0, 6)
e) A'(-7, -9), B'(6, -2),   C'(-5, 1),   D'(3, 5),   E'(8,0),   F'(0, -6)

116 a) (7,1)   b) (-7, -1)   c) (4, 4)   d) (-3, 3)

117 a) P(-6, 0)   b) P(0, -3)   c) (-2, -2)   d) P(6, -6)   e) P(-4, -1)   f) P(-12, 3)

118 a) P(7, 1) e Q(1, 7)   b) A(1, 6) e B(-6, -1)   c) P(8, -2)

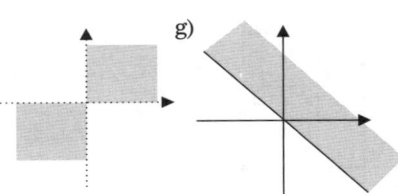

119 a) b) c) d) e) f) g) h) 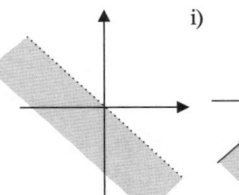 i) 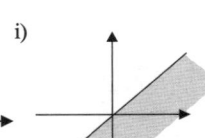 j)

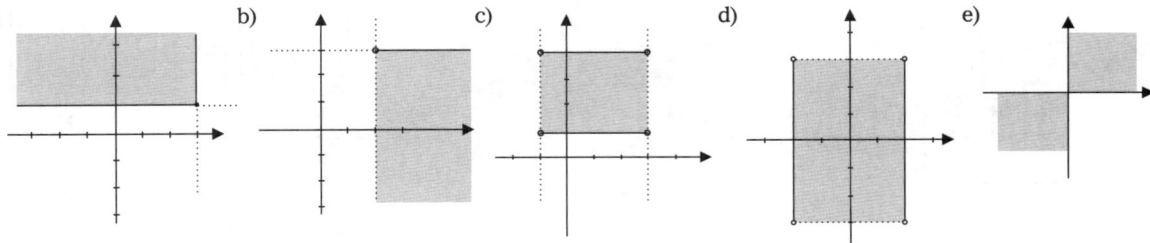

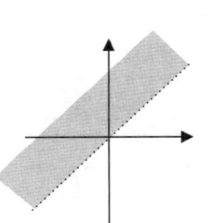

122 Representar no plano os pontos (x, y) cujas coordenadas satisfazem a equação dada, nos casos:

a) $xy - 4x + 2y - 8 = 0$

b) $x^2 - xy - 3x + 3y = 0$

c) $y^2 + xy - 2y - 2x = 0$

d) $x^3 - 3x^2y + 3xy^2 - y^3 = 0$

e) $x^3 - 9x^2 + 27x - 27 = 0$

f) $y^2 + 6y^2 + 12y + 8 = 0$

g) $x^3 - 2x^2y - 2x^2 + xy^2 + 4xy - 2y^2$

h) $x^3 + x^2y - 2x^2 - 2xy + x + y = 0$

i) $x^3 - 3x + 2 = 0$

j) $x^3y - 3x^3 + 3x^2y - 9x^2 - 4y + 12 = 0$

k) $y = \dfrac{|x|}{x}$ l) $x = \dfrac{|y|}{y}$

123 Determine o ponto médio do segmento AB nos casos:

a) A(− 7, 19) e B(5, − 5)   b) A(− 9, − 8) e B(5, − 6)   c) A(20, − 13) e B(− 4, 1)

124 Resolver:

a) Se M(− 2, 7) é ponto médio de $\overline{AB}$ onde A(7, 4), determine B.

b) Determine o simétrico de A(− 7, 9) em relação a B(9, − 7).

c) Sendo A(2a − 1, a + 8) e B(4 − 3a, 2a − 5), se o ponto médio **M** de $\overline{AB}$ está no eixo das abscissas, determine **M**.

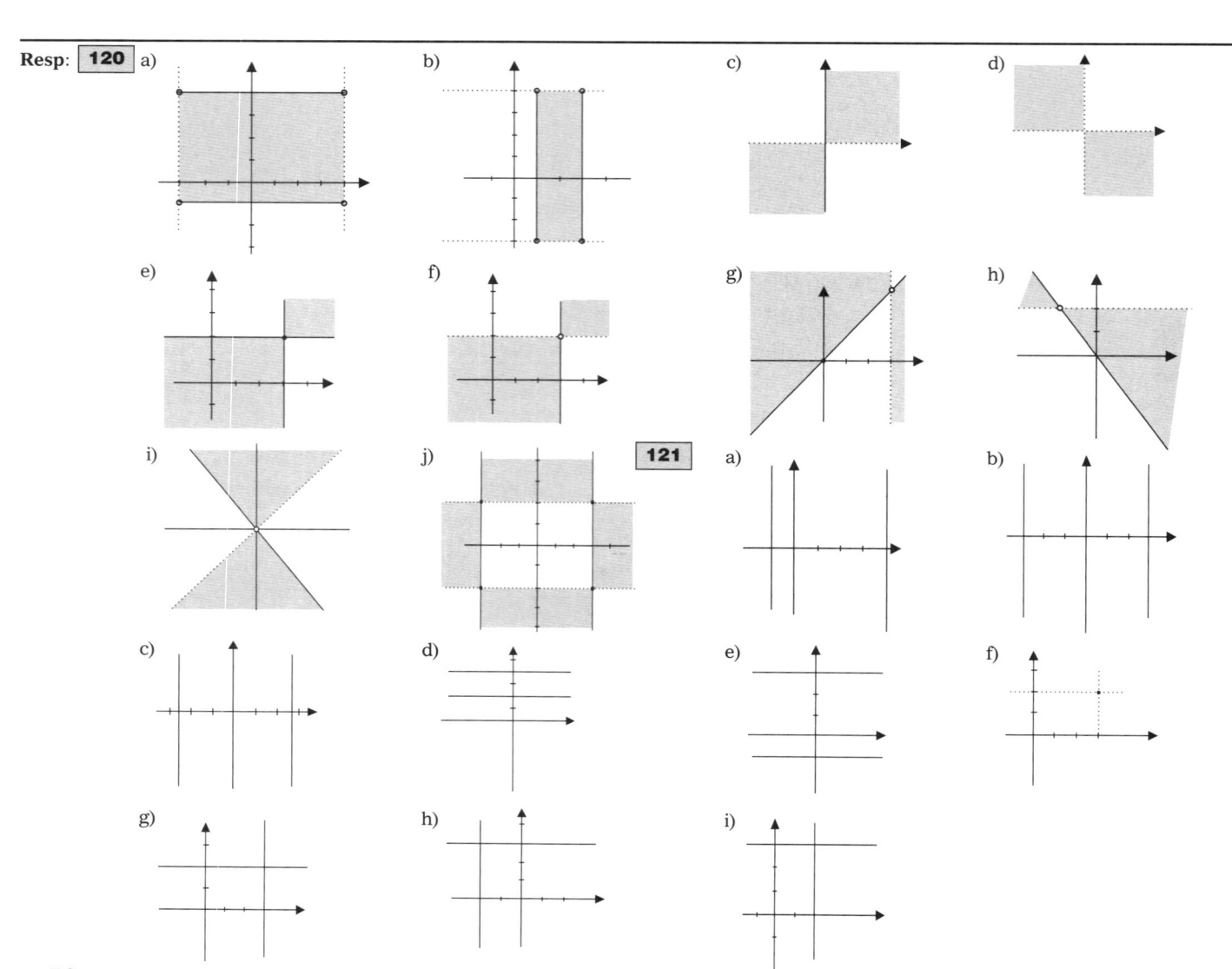

Resp: **120**

121

52

125 Os pontos M (– 3, 4), N (– 2, – 7) e P(5, 2) são os pontos médios dos lados de um triângulo. Determine os vértices desse triângulo.

126 Usando apenas a fórmula de ponto médio determine os pontos que dividem $\overline{AB}$ em três partes iguais, dados A(– 1, 5) e B(14, – 4)

127 Se M(b – 3, 1 – b) é ponto médio de $\overline{AB}$, onde A(a – 5, b – a) e B(b + 1, 2a – 3b), determine **M**.

128 Resolver:

a) Dados A(– 5, 1) e B(6, 7) e M(2, – 3) onde **M** é a intersecção das diagonais do paralelogramo ABCD, determine C e D.

b) Determine o vértice D de um paralelogramo ABCD, dados A(– 3, 5), B(5, 4) e C(6, – 3).

129 Determine a razão em que o ponto P(– 1, 5) divide o segmento $\overline{AB}$, nos casos:

a) A(8, 11) e B(11, 13)   b) A(– 7, 14) e B(9, – 10)

130 Se P(5 – 3a, a) divide $\overrightarrow{AB}$ na razão $-\dfrac{4}{5}$, sendo A(b – a, 3 – 2a) e B(3a – 5b, 2 – 4b) determine **A e B**.

131 Resolver:

a) Dados A(12, – 5) e B(– 8, 10), determine o ponto **P** que divide $\overrightarrow{AB}$ na razão $\overrightarrow{AB}$.

b) Dados A(8, – 13) e B(5, – 8), se P(a, 2) pertence a reta AB, determine **P**.

c) Se **A** está no eixo x, B está no eixo y e o ponto A(12, 12) divide $\overrightarrow{AB}$ na razão $-\dfrac{2}{3}$, determine A e B.

132 Dados A(17, – 7), B(5, 2) e C(– 3, 8), determine a razão em que:

a) **B** divide $\overrightarrow{AC}$ b) **A** divide $\overrightarrow{BC}$ c) **C** divide $\overrightarrow{AB}$ d) **A** divide $\overrightarrow{CB}$ e) **A** divide $\overrightarrow{AB}$

Resp: **122** a) ... b) ... c) ... d) ... e) ... f) ... g) ... h) ... i) ... j) ... k) ... l) ...

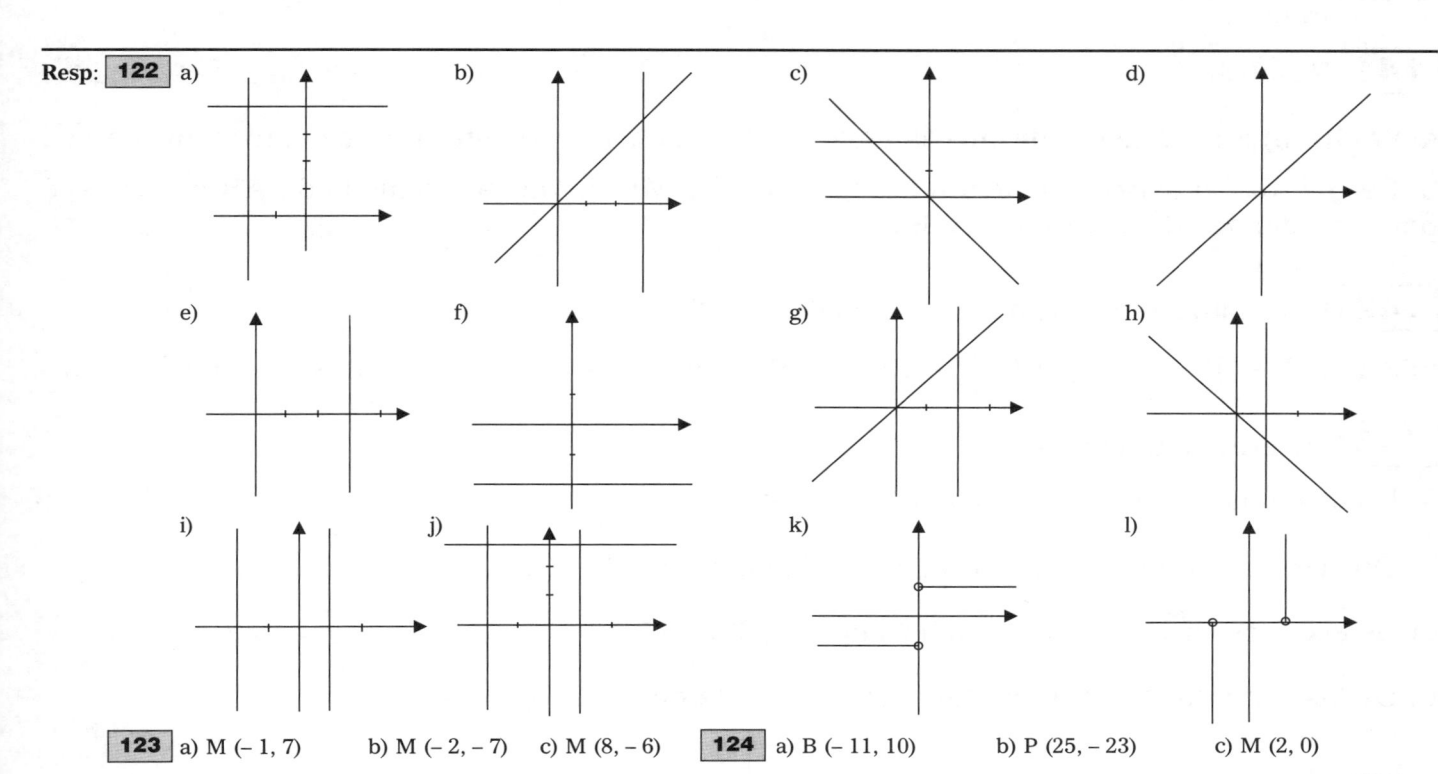

123 a) M (– 1, 7)   b) M (– 2, – 7)   c) M (8, – 6)   **124** a) B (– 11, 10)   b) P (25, – 23)   c) M (2, 0)

133 Dados os pontos A(– 15, 19) e B(21, – 5) determine P divide que $\overrightarrow{AB}$ na razão λ, nos casos:

a) $\lambda = \dfrac{5}{7}$ b) $\lambda = 5$ c) $\lambda = -\dfrac{5}{11}$ d) $\lambda = 1$

134 Se P divide $\overrightarrow{AB}$ na razão $\lambda = -\dfrac{7}{3}$, determine a razão em que:

a) P divide $\overrightarrow{BA}$ b) A divide $\overrightarrow{PB}$ c) B divide $\overrightarrow{AP}$

135 Resolver:

a) Determine os pontos que dividem $\overline{AB}$ em três partes iguais dados A(15, – 20) e B(– 3, 4).

b) Determine os pontos que dividem $\overline{AB}$ em 5 partes iguais dados A(– 13, 30) e B(22, – 5).

c) Até que ponto devemos prolongar o segmento AB, no sentido de **A** para **B**, para que o seu comprimento quadruplique, dados A(– 2, 11) e B(3, 7)?

136 Determine a intersecção das diagonais do quadrilátero ABCD, dados A (– 3, – 2), B (7, – 15), C (9, 4) e D (– 1, 5).

137 Resolver:

a) Determine k de modo que os pontos A (7, – 1), B (– 1, k) e C(– 7, 6) sejam colineares.

b) Se P(x, y) pertence à reta AB, dados A (– 1, 3) e B(2, 1), determine uma relação entre x e y.

138 Mostre que o baricentro G de um triângulo ABC é dado por

$$x_G = \frac{x_A + x_B + x_C}{3} \quad \text{e} \quad y_G = \frac{y_A + y_B + y_C}{3}$$

139 Determine o baricentro do triângulo ABC nos casos:

a) A (– 7, 3), B(– 1, 6) e C (2, – 15)   b) A (7, 8), B(– 6, 5) e C (2, – 1)

140 Dados os vértices A(7, 1) e B(– 5, 4) e o baricentro G(1, – 3) de um triângulo ABC, determine C.

141 Resolver:

a) Se G(2, 5) é o baricentro de um triângulo ABC, dado A(10, – 1) determine o ponto médio de $\overline{BC}$.

b) Se G(1, 5) é o baricentro de um triângulo ABC e M(– 3, 4) é ponto médio de $\overline{AB}$ e N (1, 8) é ponto médio de $\overline{AC}$, determine A, B e C.

142 Determine a distância entre os pontos **A** e **B** nos casos:

a) A (– 7, 1) e B (1, 7)   b) A (– 2, 5) e B (4, 11)   c) A(7, – 5) e B(2, 7)   d) A(1, – 3) e B(9, 12)

143 Determine um ponto

a) Do eixo das abscissas que dista $3\sqrt{5}$ do ponto A(1, 6).

b) Do eixo das ordenadas que dista $2\sqrt{13}$ do ponto A(– 6, – 1).

c) Do eixo das abscissas que eqüidista de A(3, 3) e B(7, 1).

d) Da bissetriz dos quadrantes pares que eqüidista de A(– 2, 6) e B(4, 2).

144 Resolver:

a) Se a distância entre A(1 – a, a + 1) e B(a – 1, 2a – 5) é $2\sqrt{5}$, determine **A** e **B**.

b) Se A(3, – 7) e B(– 1, 4) são dois vértices adjacentes de um quadrado, determine a sua área.

c) Se A(3, 5) e C(1, – 3) são dois vértices opostos de um quadrado, detemine a sua área.

d) Se A(– 3, 2) e B(1, 6) são dois vértices de um triângulo equilátero, determine a sua área.

145 Resolver:

a) Se A(3, – 7), B(5, – 7) e C(– 2, 5) são vértices de um paralelogramos ABCD, determine suas diagonais.

b) A (4, 9) e C(– 2, 1) são dois vértices opostos de um losango de $5\sqrt{10}$ de lado. Determine a sua área.

c) B(3, – 4) e D(1, 2) são dois vértices opostos de um losango de $5\sqrt{2}$ de lado. Determine a altura desse losango.

146 Usando a fórmula da distância, mostre que;

a) A(3, – 5), B(– 2, – 7) e C(18, 1) são colineares.

b) A(1, 1), B(2, 3) e C(5, – 1) são vértices de um triângulo retângulo.

c) A(2, 2), B(– 1, 6), C(– 5, 3) e D(– 2, – 1) são vértices de um quadrado.

d) A(1, 1), B(0, 2) e C(2, –1) são vértices de um triângulo obtusângulo.

147 Dados B(2, 2) e C(5, – 2), determine um ponto **A** do eixo das abscissas de modo que o triângulo ABC seja retângulo de hipotenusa BC.

148 Determine o centro e o raio de uma circunferência que passa por P(4, 2) e tangencia os eixos coordenados.

149 Determine o centro de um círculo de raio 5 cuja circunferência passa por P(1, – 2) e tangencia o eixo dos **x**.

150 Determine o simétrico de P(1, 2) em relação à reta AB, dados A(1, 0) e B(– 1, – 2).

151 Resolver:

a) A(3, 0) e C(– 4, 1) são dois vértices opostos de um quadrado ABCD. Determine B e D.

b) A(2, – 1) e B(–1, 3) são dois vértices adjacentes de um quadrado ABCD. Determine C e D.

152 A(– 3, 6), B(9, – 10) e C(– 5, 4) são os vértices de um triângulo. Determine o centro e o raio da circunferência circunscrita ao triângulo.

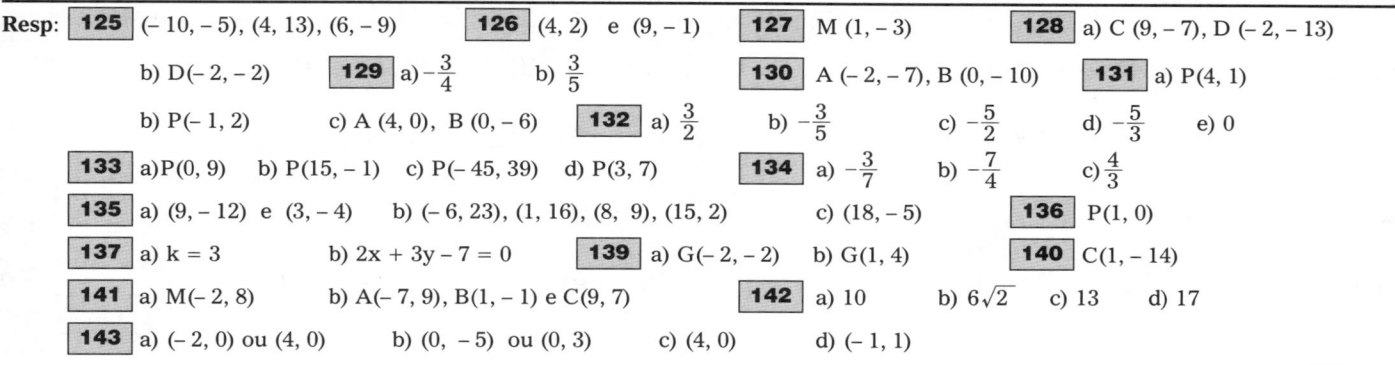

Resp: **125** (– 10, – 5), (4, 13), (6, – 9)   **126** (4, 2) e (9, – 1)   **127** M (1, – 3)   **128** a) C (9, – 7), D (– 2, – 13)

b) D(– 2, – 2)   **129** a) $-\frac{3}{4}$ b) $\frac{3}{5}$ **130** A (– 2, – 7), B (0, – 10)   **131** a) P(4, 1)

b) P(– 1, 2)   c) A (4, 0), B (0, – 6)   **132** a) $\frac{3}{2}$ b) $-\frac{3}{5}$ c) $-\frac{5}{2}$ d) $-\frac{5}{3}$ e) 0

133 a) P(0, 9)   b) P(15, – 1)   c) P(– 45, 39)   d) P(3, 7)   **134** a) $-\frac{3}{7}$ b) $-\frac{7}{4}$ c) $\frac{4}{3}$

135 a) (9, – 12) e (3, – 4)   b) (– 6, 23), (1, 16), (8, 9), (15, 2)   c) (18, – 5)   **136** P(1, 0)

137 a) k = 3   b) 2x + 3y – 7 = 0   **139** a) G(– 2, – 2)   b) G(1, 4)   **140** C(1, – 14)

141 a) M(– 2, 8)   b) A(– 7, 9), B(1, – 1) e C(9, 7)   **142** a) 10   b) $6\sqrt{2}$ c) 13   d) 17

143 a) (– 2, 0) ou (4, 0)   b) (0, – 5) ou (0, 3)   c) (4, 0)   d) (– 1, 1)

153 Dados os vértices A(2, – 5), B(1, – 2) e C(4, 7) de um triângulo ABC, determine **P** sabendo que $\overline{BP}$ é bissetriz interna desse triângulo.

154 Dados os vértices A(3, – 5), B(– 3, 3) e C(– 1, – 2) de um triângulo, determine a bissetriz interna AS desse triângulo.

155 Dados os vértices A(– 1, – 1), B(3, 5) e C(– 4, 1) de um triângulo, determine o ponto onde a bissetriz externa relativa ao vértice A encontra a reta do lado BC.

156 Dados os vértices A(3, – 5), B(1, – 3) e C(2, – 2) de um triângulo, determine a bissetriz externa BP.

157 Resolver:

a) Dados A(– 12, – 13) e B(– 2, – 5), determine um ponto P da reta AB cuja abscissa é 3.

b) Dados A(2, – 3) e B(– 6, 5), determine um ponto P da reta AB cuja ordenada é – 5.

c) Dados A(7, – 3) e B(23, – 6), determine o ponto onde a reta AB corta o eixo dos x.

d) Dados A(5, 2) e B(– 4, – 7), determine o ponto onde a reta AB corta o eixo dos y.

158 A intersecção das medianas de um triângulo ABC está sobre o eixo das abscissas. São dados A(2, – 3) e B(– 5, 1) e sabe-se que C está sobre o eixo das ordenadas. Determine o baricentro G e o vértice C desse triângulo.

159 Determine a equação geral da circunferência dado o centro **C** e o raio **r** nos casos:

a) C(5, 7), r = 2   b) C(– 1, 3), r = 5   c) C(0, 0), r = 3

d) C(0, 0), r = 4   e) C(0, –7), r = 5   f) C(0, 3), r = 3

g) C(– 4, 0), r = 4   h) C(– 6, 0), r = 3   i) C(6, – 8), r = 10

160 Dada a equação reduzida da circunferência, determine o centro **C** e o raio **r**, nos casos:

a) $(x - 9)^2 + (y - 5)^2 = 36$ b) $(x + 10)^2 + (y - 3)^2 = 49$ c) $(x - 3)^2 + y^2 = 40$

d) $x^2 + (y + 11)^2 = 99$ e) $x^2 + y^2 = 24$ f) $x^2 + y^2 = 169$

g) $\left(x + \frac{3}{2}\right)^2 + \left(y - \frac{1}{2}\right)^2 = 3$ h) $x^2 + \left(y - \frac{5}{3}\right)^2 = 5$ i) $x^2 + y^2 = \frac{1}{4}$

161 Em cada caso é dada a equação de uma circunferência. Escrevendo primeiramente a equação reduzida dessa circunferência, determine o centro **C** e o raio **r**. Quando for necessário complete os quadrados.

a) $3(x + 4)^2 + 3(y - 7)^2 = 108$ b) $(2x - 8)^2 + (2y + 6)^2 = 64$

c) $(x - 3)^2 + (y + 4)^2 - 25 = 0$ d) $x^2 + y^2 - 8x + 6y - 11 = 0$

e) $x^2 + y^2 + 10x - 6y - 2 = 0$ f) $x^2 + y^2 - 14x + 10y + 25 = 0$

g) $x^2 + y^2 + 10x = 0$ h) $x^2 + y^2 - 18y = 0$

i) $x^2 + y^2 + 4x - 14y - 47 = 0$ j) $4x^2 + 4y^2 - 4x + 12y - 6 = 0$

162 Desenvolvendo os quadrados na equação $(x - a)^2 + (y - b)^2 = r^2$ obtemos $x^2 + y^2 - 2ax - 2by + a^2 + b^2 - r^2 = 0$. Comparando as equações $x^2 + y^2 + Dx + Ey + F = 0$ e $x^2 + y^2 - 2ax - 2by + a^2 + b^2 - r^2 = 0$, determine o centro e o raio da circunferência, dada a sua equação geral, nos casos:

a) $x^2 + y^2 - 10x + 2y - 55 = 0$

b) $x^2 + y^2 + 18x - 8y + 72 = 0$

c) $x^2 + y^2 + 14x + 24 = 0$

d) $x^2 + y^2 - 20y + 19 = 0$

e) $x^2 + y^2 - 4x - y + 4 = 0$

f) $2x^2 + 2y^2 + 6x - 10y - 1 = 0$

163 Sendo $x^2 + y^2 + Dx + Ey + F = 0$ a equação de uma circunferência de centro **C** e raio **r**, sabemos que o centro e o raio são dados por

$$\left(C - \frac{D}{E}, -\frac{E}{2}\right) \text{ e } r = \frac{1}{2}\sqrt{D^2 + E^2 - 4F}$$

Determine usando essas fórmulas o centro e o raio da circunferência, dada a sua equação geral, nos casos:

a) $x^2 + y^2 + 4x - 6y - 3 = 0$

b) $x^2 + y^2 - 6x + 18y + 74 = 0$

c) $x^2 + y^2 + 10x - 24y = 0$

d) $x^2 + y^2 - 8y + 4 = 0$

e) $3x^2 + 3y^2 - 2x + 4y = 0$

f) $x^2 + y^2 - 7x + 2y - 7 = 0$

164 Determine k, em cada caso, de modo que a equação dada seja a equação de uma circunferência.

a) $(kx - 2)^2 + (y + 7)^2 = 25$

b) $(x - 5)^2 + (y + 8)^2 = k$

c) $k(x - 7)^2 + (3y - 12)^2 = 27$

d) $x^2 + y^2 - 2x + 10y + k = 0$

e) $x^2 + y^2 - (k - 2)x + (k + 2) - 2k + 8 = 0$

165 Determine a equação da circunferência que passa por **P** e tem centro **C**, nos casos:

a) C(−3, 2), P(0, 2)

b) C(7, −2), P(3, 1)

b) C(−5, 12), P(0, 0)

d) C(−3, 5), P(−1, 1)

166 Determine a equação da circunferência de diâmetro $\overline{AB}$ nos casos:

a) A(−3, 4) e B(5, 10)

b) A(−7, 6) e B(1, −10)

Resp: **144** a) A(−1, 3), B(1, −1)   b) 137 u.a.   c) 34 u.a.   d) $8\sqrt{3}$ u.a.   **145** a) 13 e 15   b) 150 u.a.   c) $4\sqrt{2}$

147 A(1, 0) ou A(6, 0)   **148** C(2, 2) e r = 2 ou C(10, 10) e r = 10   **149** C(−3, −5) ou C(5, −5)

150 (3, 0)   **151** a) B(0, 4) e D(−1, −3) ou B(−1, −3) e D(0, 4)   b) C(−5, 0) e D(−2, −4) ou C(3, 6) e D(6, 2)

152 P(3, −2) e r = 10   **153** P$\left(\frac{5}{2}, -2\right)$ **154** $\frac{14}{3}\sqrt{2}$ **155** (−11, −3)   **156** 4

157 a) (3, −1)   b) (4, −5)   c) (−9, 0)   d) (0, −3)   **158** G(−1, 0), C(0, 2)

159 a) $x^2 + y^2 - 10x - 14y + 70 = 0$ b) $x^2 + y^2 + 2x - 6y - 15 = 0$ c) $x^2 + y^2 - 9 = 0$ d) $x^2 + y^2 - 16 = 0$

e) $x^2 + y^2 + 14y + 24 = 0$ f) $x^2 + y^2 - 6y = 0$ g) $x^2 + y^2 + 8x = 0$

h) $x^2 + y^2 + 12x + 27 = 0$ i) $x^2 + y^2 - 12x + 16y = 0$ **160** a) C(9, 5), r = 6   b) C(−10, 3), r = 7

c) C(3, 0), r = $2\sqrt{10}$ d) C(0, −11), r = $3\sqrt{11}$ e) C(0, 0), r = $2\sqrt{6}$ f) C(0,0), r = 13

g) C$\left(-\frac{3}{2}, \frac{1}{2}\right)$, r = $\sqrt{3}$ h) C$\left(0, \frac{5}{3}\right)$, r = $\sqrt{5}$ i) C(0,0), r = $\frac{1}{2}$

161 a) C(−4, 7), r = 6   b) C(4, −3), r = 4   c) C(3, −4), r = 5   d) C(4, −3), r = 6   e) C(−5, 3), r = 6

f) C(7, −5), r = 7   g) C(−5, 0), r = 5   h) C(0, 9), r = 9   i) C(−2, 7), r = 10   j) C$\left(\frac{1}{2}, -\frac{3}{2}\right)$, r = 2

167 Dada a circunferência **f** de equação $x^2 + y^2 + 8x + 10y + 16 = 0$, determine:

a) Os pontos onde **f** intercepta o eixo das abscissas.

b) Os pontos onde **f** intercepta o eixo das ordenadas.

c) Os pontos de **f** que têm abscissas iguais a 1.

d) Os pontos de **f** que têm abscissas iguais a – 1.

e) Os pontos de **f** que têm ordenadas iguais a – 1.

168 Determine k de modo que a circunferência $x^2 + y^2 - 4x - 2y + k = 0$

a) Tenha raio 5

b) Passe por P(– 2, 3)

169 Resolver:

a) Determine o comprimento de uma corda, da circunferência $x^2 + y^2 - 2x - 4y - 21 = 0$, cujo ponto médio é M(– 1, – 1).

b) Determine a equação da circunferência com centro C(– 5, 4) que tangencia o eixo das abscissas.

c) Ache a equação da circunferência de centro C(5, – 3) que tangencia o eixo das ordenadas.

d) Ache a equação da circunferência de raio 6, situada no segundo quadrante e que tangencia os eixos.

170 Resolver:

a) Determine a equação da circunferência de centro C(– 5, 3), que determina no eixo dos **x** uma corda de comprimento 8.

b) Determine a equação da circunferência que passa pelos pontos A(1, 1), B(1, – 1) e C(2, 0).

c) Determine a equação da circunferência circunscrita ao triângulo ABC, dados A(– 1, 5), B(– 2, – 2) e C(5, 5).

171 Determine a distância entre a circunferência **f** e o centro P nos casos.

a) P(6, – 8) e (f) : $x^2 + y^2 = 9$

b) P(3, 9) e (f): $x^2 + y^2 - 26x + 30y + 313 = 0$

c) P(– 7, 2) e (f): $x^2 + y^2 - 10x - 14y - 151 = 0$

172 Determine a equação da circunferência que tangencia os eixos coordenados e passa pelo ponto P, nos casos:

a) P(4, – 2)

b) P(– 1, 8)

173 Determine a equação da circunferência que passa por P(1, – 1) e pelos pontos de intersecção das circunferências $x^2 + y^2 + 2x - 2y - 23 = 0$ e $x^2 + y^2 - 6x + 12y - 35 = 0$.

174 Escreva a equação da circunferência que passa pela origem do sistema e pelos pontos de intersecção das circunferências $x^2 + y^2 + 6x + 2y - 15 = 0$ e $x^2 + y^2 - 4x + 8y + 11 = 0$.

175 Determine o comprimento da corda comum às circunferências de equações $x^2 + y^2 - 10x - 10y = 0$ e $x^2 + y^2 + 6x + 2y - 40 = 0$.

176 Determine a equação da circunferência cujo centro está na bissetriz dos quadrantes pares e que passa pelos pontos de intersecção das circunferências $x^2 + y^2 - 2x + 10y - 24 = 0$ e $x^2 + y^2 + 2x + 2y - 8 = 0$.

177 Determine o comprimento da corda comum às circunferências que passam por $P(6, -1)$ e tangenciam os eixos coordenados.

178 Dizer se o ponto **P** é interior, exterior ou pertence à circunferência **f** de equação $x^2 + y^2 + 4x + 2y - 4 = 0$ nos casos:

a) $P(-1, 1)$ b) $P(-5, 1)$ c) $P(-2, 2)$ d) $P(1, 1)$ e) $P(1, -1)$

179 Determine **k**, nos casos, de modo que:

a) A equação $x^2 + y^2 - 6x + 8y + k = 0$ seja equação de uma circunferência.

b) O ponto $P(-2, 3)$ seja interior à circunferência $x^2 + y^2 - 7x - 5y + k = 0$

c) O ponto $P(3, -1)$ seja exterior à circunferência $x^2 + y^2 - 2x + 4y + k = 0$

180 Sombrear no plano cartesiano a região dos pontos cujas coordenadas satisfazem a condição dada nos casos:

a) $x^2 + y^2 - 4x < 0$
b) $x^2 + y^2 + 6y \geq 0$
c) $x^2 + y^2 + 6x - 6y + 14 \leq 0$

d) $\begin{cases} |y| < 2 \\ x^2 + y^2 + 10x + 16 \leq 0 \end{cases}$
e) $\begin{cases} x > 3 \\ y \geq 2 \\ x^2 + y^2 - 8x - 2y + 8 \leq 0 \end{cases}$
f) $\begin{cases} (x-2)(y+1) \geq 0 \\ x^2 + y^2 - 9 \geq 0 \end{cases}$

181 Monte um sistema de inequações, em cada caso, cuja solução gráfica seja a região sombreada dada:

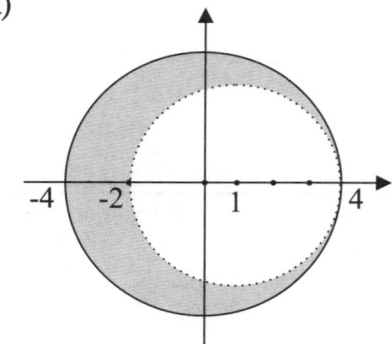

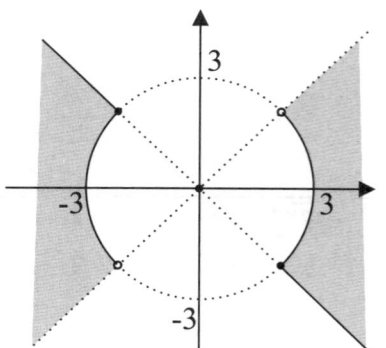

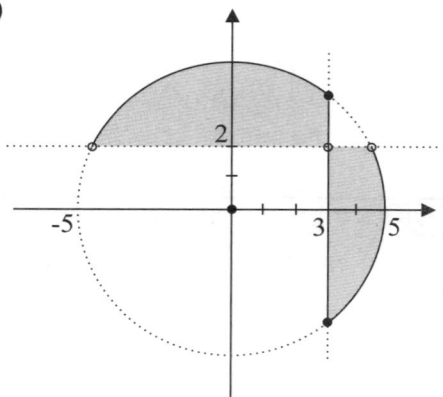

a) b) c)

Resp: **162** a) $C(5, -1), r = 9$ b) $C(-9, 4), r = 5$ c) $C(-7, 0), r = 5$ d) $C(0, 10), r = 9$ e) $C\left(2, \frac{1}{2}\right), r = \frac{1}{2}$

f) $C\left(-\frac{3}{2}, \frac{5}{2}\right), r = 3$ **163** a) $C(-2, 3), r = 4$ b) $C(3, -9), r = 4$ c) $C(-5, 12), r = 13$ d) $C(0, 4), r = 2\sqrt{3}$

e) $C\left(\frac{1}{2}, -\frac{2}{3}\right), r = \frac{\sqrt{5}}{3}$ f) $C\left(\frac{7}{2}, -1\right), r = \frac{9}{2}$ **164** a) $k = 1$ b) $k > 0$ c) $k = 9$ d) $k < 26$

e) $k < -6$ ou $k > 2$ **165** a) $(x + 3)^2 + (y - 2)^2 = 9$ b) $(x - 7)^2 + (y + 2)^2 = 25$ c) $(x + 5)^2 + (y - 12)^2 = 169$

d) $(x + 3)^2 + (y - 5)^2 = 20$ **166** a) $(x - 1)^2 + (y - 7)^2 = 25$ b) $(x + 3)^2 + (y + 2)^2 = 80$

167 a) $(-4, 0)$ b) $(0, -2)$ e $(0, -8)$ c) $(1, -5)$ d) $(-1, -1)$ e $(-1, -9)$ e) $(-1, -1)$ e $(-7, -1)$

168 a) $k = -20$ b) $k = -15$ **169** a) $2\sqrt{13}$ b) $x^2 + y^2 + 10x - 8y + 25 = 0$

c) $x^2 + y^2 - 10x + 6y + 9 = 0$ d) $x^2 + y^2 + 12x - 12y + 36 = 0$

170 a) $x^2 + y^2 + 10x - 6y + 9 = 0$ b) $(x - 1)^2 + y^2 = 1$ c) $(x - 2)^2 + (y - 1)^2 = 25$

171 a) 7 b) 17 c) 2 **172** a) $(x - 2)^2 + (y + 2)^2 = 4$ ou $(x - 10)^2 + (y + 10)^2 = 100$

b) $(x + 5)^2 + (y - 5)^2 = 25$ ou $(x + 13)^2 + (y - 13)^2 = 169$ **173** $x^2 + y^2 + 6x - 9y - 17 = 0$

174 $13x^2 + 13y^2 + 3x + 71y = 0$ **175** 10

Resp: **176** $(x + 3)^2 + (y - 3)^2 = 10$ **177** $5\sqrt{2}$ **178** a) Interior b) Exterior c) Pertence d) Exterior
e) Pertence **179** a) $k < 25$ b) $k < -12$ c) $0 < k < 5$ **180** a)

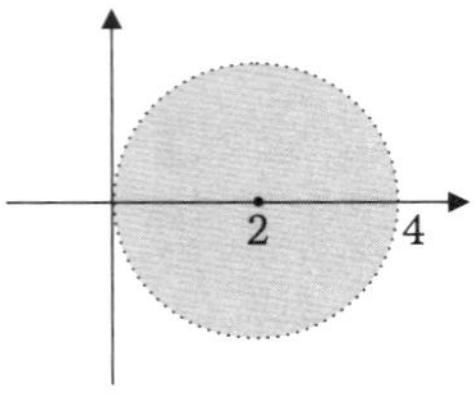

b) 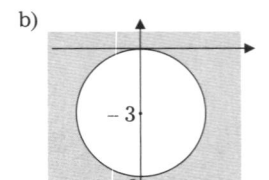 c) 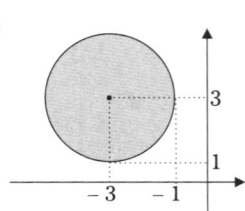 d) 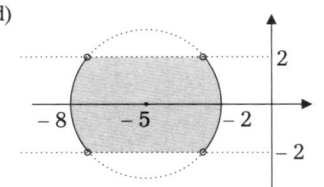 e)

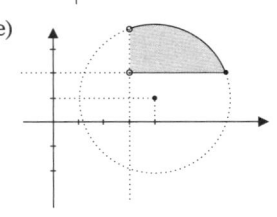

f)

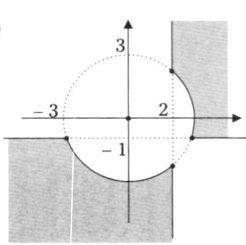

181 a) $\begin{cases} (x-1)^2 + y^2 > 9 \\ x^2 + y^2 \leq 16 \end{cases}$ b) $\begin{cases} \dfrac{x+y}{x-y} \geq 0 \\ x^2 + y^2 - 9 \geq 0 \end{cases}$ c) $\begin{cases} \dfrac{x-3}{y-2} \leq 0 \\ x^2 + y^2 - 25 \leq 0 \end{cases}$

II RETA

1) Ângulo entre uma reta r e o eixo das abscissas

Se uma reta **r** for perpendicular ao eixo das abscissas, dizemos que ela forma ângulo reto com esse eixo.

Se uma reta **r** for paralela ao eixo das abscissas, dizemos, que ela e esse eixo formam ângulo nulo.

Se uma reta **r** for oblíqua ao eixo das abscissas, sendo P o ponto onde r encontra o eixo das abscissas, vamos considerar um ponto A do eixo dos x, com $x_A > x_P$ é um ponto B de **r** com $y_B > 0$. O ângulo $A\hat{P}B$ é chamado ângulo que **r** forma com o eixo das abscissas.

Sendo α o ângulo entre r e o eixo das abscissas temos:

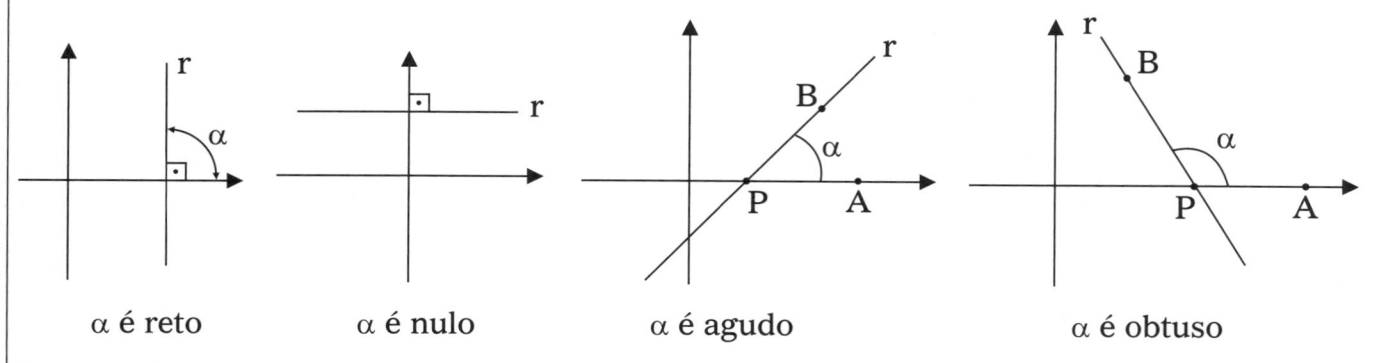

| α é reto | α é nulo | α é agudo | α é obtuso |

2) Coeficiente angular ou declividade de uma reta

A tangente do ângulo que uma reta forma com o eixo das abscissas é chamada coeficiente angular ou declivide dessa reta.

Como não existe tangente de 90°, a reta vertical (perpendicular ao eixo das abscissas) não tem coeficiente angular.

Indicando por m_r o coeficiente angular de uma reta **r**, não vertical, que forma ângulo α com o eixo das abscissas temos:

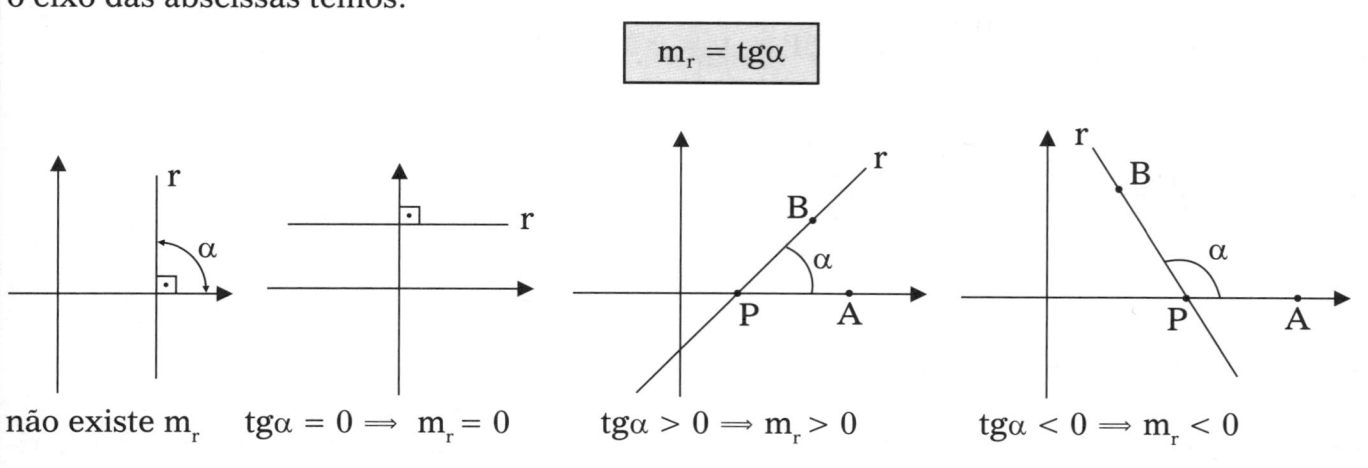

$$m_r = \text{tg}\,\alpha$$

| não existe m_r | $\text{tg}\,\alpha = 0 \Rightarrow m_r = 0$ | $\text{tg}\,\alpha > 0 \Rightarrow m_r > 0$ | $\text{tg}\,\alpha < 0 \Rightarrow m_r < 0$ |

Exemplos:

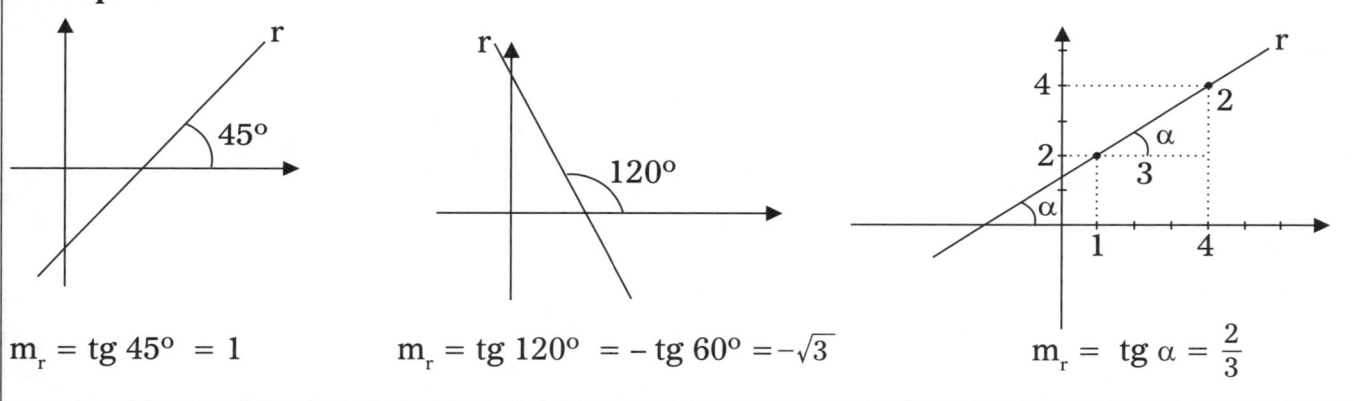

$m_r = \text{tg}\,45° = 1$ $m_r = \text{tg}\,120° = -\text{tg}\,60° = -\sqrt{3}$ $m_r = \text{tg}\,\alpha = \dfrac{2}{3}$

3) Coeficiente angular da reta determinada por dois pontos dados

O coeficiente angular de uma reta **r**, não vertical, que passa por dois pontos distintos **A** e **B** é dado por

$$m_r = \frac{y_A - y_B}{x_A - x_B} \quad \text{ou} \quad m_r = \frac{y_B - y_A}{x_B - x_A} \quad \text{ou} \quad m_r = \frac{\Delta y}{\Delta x}$$

Vejamos:

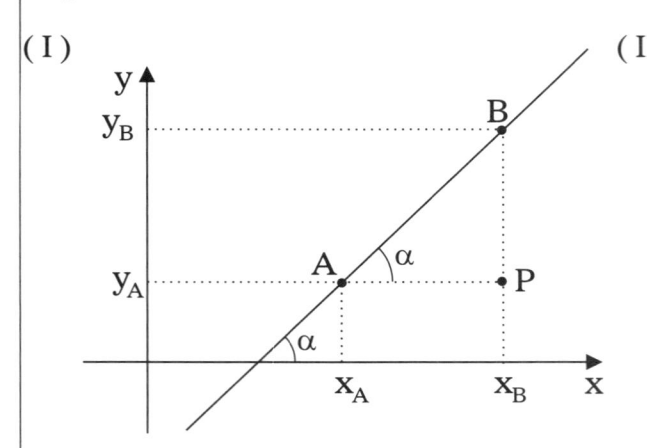

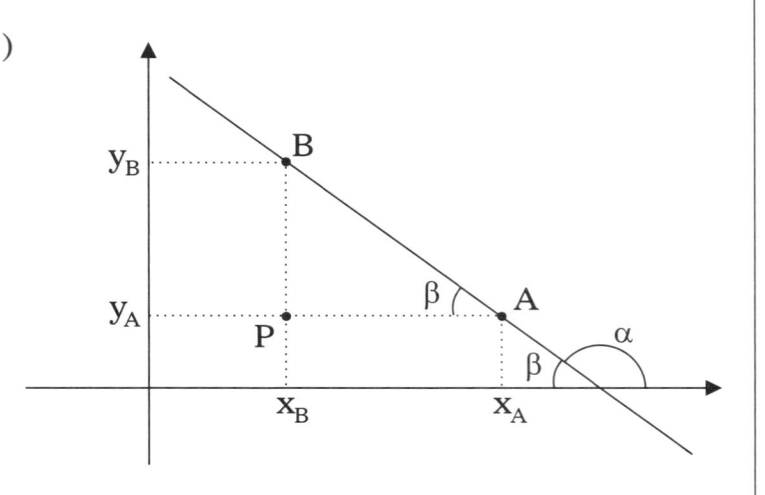

(I)

(II)

(I) $m_r = \text{tg}\alpha = \dfrac{BP}{AP}$

Como $BP = y_B - y_A$ e $AP = x_B - x_A$ obtemos: $\boxed{m_r = \dfrac{y_B - y_A}{x_B - x_A}}$

(II) $m_r = \text{tg}\alpha = -\text{tg}\beta = -\dfrac{BP}{AP}$. Como $BP = y_B - y_A$ e $AP = x_A - x_B$ obtemos:

$$m_r = -\frac{BP}{AP} = -\frac{y_B - y_A}{x_A - x_B} \implies \boxed{m_r = \frac{y_B - y_A}{x_B - x_A}}$$

Tomando as diferenças em um mesmo sentido, obtemos: $\boxed{m_r = \dfrac{\Delta y}{\Delta x}}$

Obs: Note que quando a reta **r** for vertical $x_B - x_A$ é nulo e não existe m_r. E quando **r** for horizontal $y_B - y_A$ é nulo e obtemos $m_r = 0$.

Exemplos:

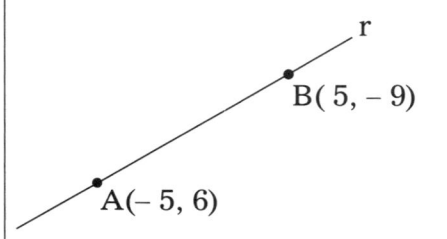

$m_r = \dfrac{y_B - y_A}{x_B - x_A} = \dfrac{-9 - 6}{5 - (-5)} = \dfrac{-15}{10} = -\dfrac{3}{2}$ ou

$m_r = \dfrac{y_A - y_B}{x_A - x_B} = \dfrac{6 - (-9)}{-5 - 5} = \dfrac{15}{-10} = -\dfrac{3}{2}$

4) Condição de alinhamento para três pontos

Se três pontos distintos, A, B e C são alinhados (são colineares), então:

$$\begin{vmatrix} x_A & y_A & 1 \\ x_B & y_B & 1 \\ x_C & y_C & 1 \end{vmatrix} = 0$$

Vejamos:

Se os pontos estão em uma reta vertical ou horizontal, então $x_A = x_B = x_C$ ou $y_A = y_B = y_C$, desta forma a matriz correspondente terá duas colunas proporcionais, donde obtemos que o determinante é nulo.

Consideremos agora que os pontos A, B e C estejam em uma reta oblíqua aos eixos. Como os coeficientes angulares das retas AB e BC são iguais podemos escrever:

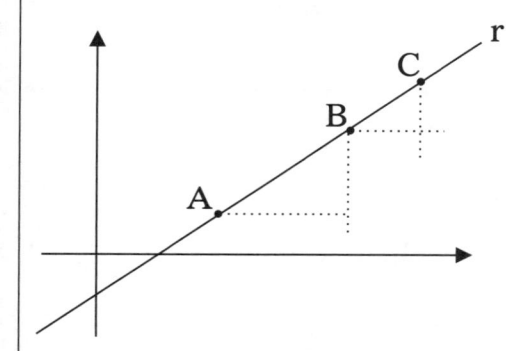

$$m_r = \frac{y_B - y_A}{x_B - x_A} = \frac{y_C - y_B}{x_C - x_B} \Rightarrow$$

$$y_B x_C - y_B x_B - y_A x_C + y_A x_B = x_B y_C - x_B y_B - x_A y_C + x_A y_B$$

passando todos os termos para o 2º membro, obtemos:

$$0 = x_A y_B - x_A y_C - x_B y_A + x_B y_C + x_C y_A - x_C y_B \Rightarrow$$

$$\Rightarrow x_A (y_B - y_C) - x_B (y_A - y_C) + x_C (y_A - y_B) = 0$$

De acordo com Laplace (pelos elementos da primeira coluna), temos:

$$x_A \begin{vmatrix} y_B & 1 \\ y_C & 1 \end{vmatrix} - x_B \begin{vmatrix} y_A & 1 \\ y_C & 1 \end{vmatrix} + x_C \begin{vmatrix} y_A & 1 \\ y_B & 1 \end{vmatrix} = 0 \Rightarrow \begin{vmatrix} x_A & y_A & 1 \\ x_B & y_B & 1 \\ x_C & y_C & 1 \end{vmatrix} = 0$$

Prova-se também o recíproco desse teorema (se o determinante acima é nulo então os pontos são colineares). Desta forma, podemos escrever:

$$A, B \text{ e } C \text{ são colineares} \Rightarrow \begin{vmatrix} x_A & y_A & 1 \\ x_B & y_B & 1 \\ x_C & y_C & 1 \end{vmatrix} = 0$$

Exemplo: Verifique se os pontos A(–1, 3), B(2, 5) e C(8, 9) são colineares

$$D = \begin{vmatrix} -1 & 3 & 1 \\ 2 & 5 & 1 \\ 8 & 9 & 1 \end{vmatrix} = 1(5-9) - 3(-2-8) + 1(18-40) = 4 + 18 - 22 = 0$$

$D = 0 \Rightarrow$ A, B e C são colineares

Exemplo: Determine **k** de modo que os pontos A(–3, 2), B(1, –4) e C(3, k) sejam colineares.

A, B e C são colineares $\Rightarrow \begin{vmatrix} -3 & 2 & 1 \\ 1 & -4 & 1 \\ 3 & k & 1 \end{vmatrix} = 0 \Rightarrow 12 + 6k + 12 - 2 + 3k = 0 \Rightarrow 4k = -28 \Rightarrow \boxed{k = -7}$

182 Determine o ângulo que a reta **r** forma com o eixo **x** nos casos:

a) 130°   b) 40°   c) 120°   d) 70°

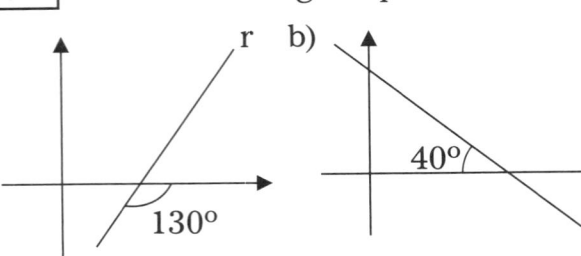

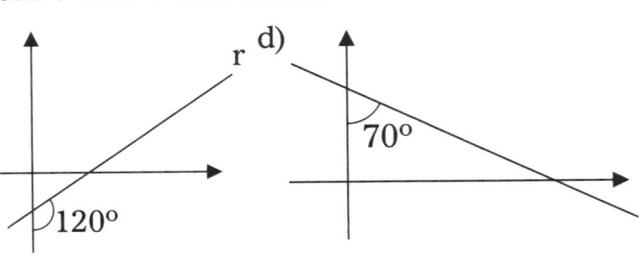

183 Determine o coeficiente angular da reta **r**, nos casos:

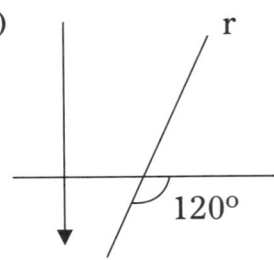

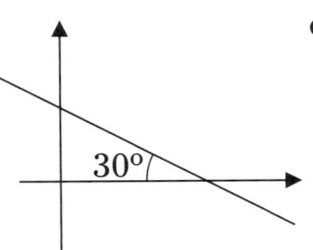

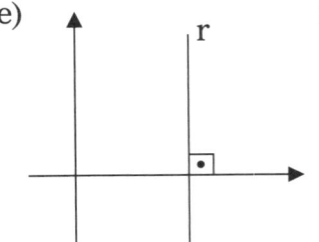

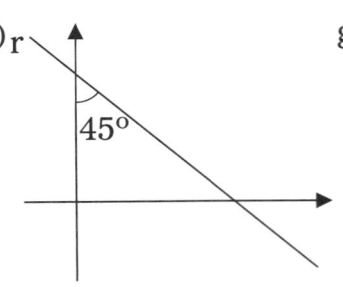

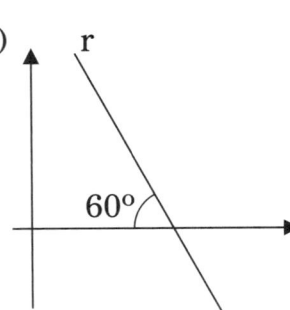

a) 45°   b) 120°   c) 30°   d) (reta horizontal)

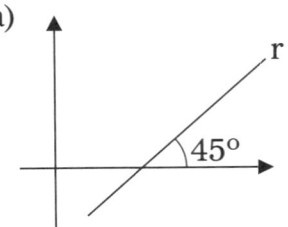

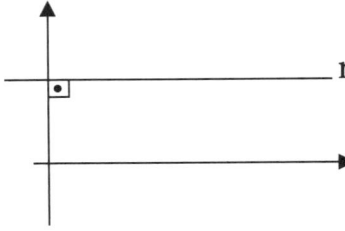

e) (reta vertical)   f) 45°   g) 60°   h) 60°

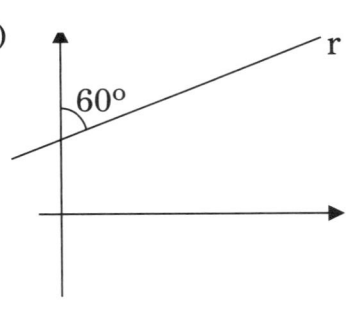

184 Determine a declividade da reta **r**, nos casos:

a)   b)

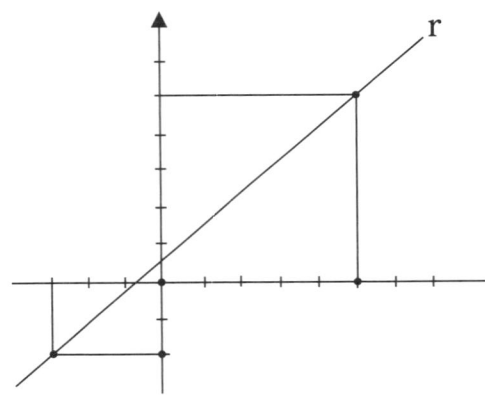

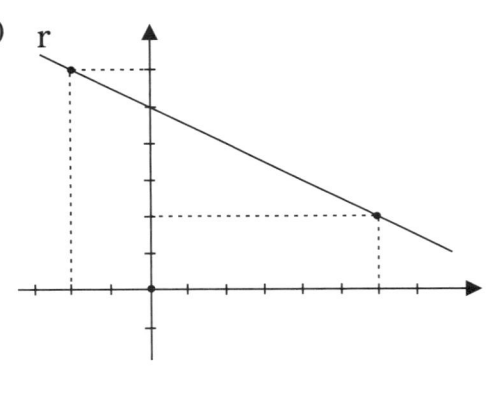

185 Determine o coeficiente angular da reta AB dados **A** e **B**, nos casos:

a) A(−5, 7) e B(−1, 1)

b) A(−7, −2) e B(5, 7)

c) $A\left(\dfrac{1}{2}, -4\right)$ e $B\left(2, -\dfrac{1}{3}\right)$

d) A(5, −4) e B(−20, 16)

186 Resolver:

a) Determine o coeficiente angular da reta AB onde A(3 – 2a, a + 1) e B(a, 5 – 3a).

b) Se o coeficiente angular da reta AB com A(1 – a, a + 1) e B(2a + 1, 3 – 2a) é $-\dfrac{2}{3}$, determine A e B.

187 Determine uma relação entre as coordenadas x e y do ponto P(x, y), sabendo que **P** pertence à reta **r** nos casos:

a) **r** passa por A(– 1, 4) e tem coeficiente angular m = – 3

b) **r** passa por A(2, – 1) e tem coeficiente angular $m = \dfrac{1}{2}$.

c) **r** passa por A(– 3, 5) e B(– 1, 2)

188 Verificar se os pontos A(–3, 5) e B(0, – 1) e C(2, – 5) são colineares:

1º Modo: (Usando razão em que um ponto divide um segmento)

2º Modo: (Usando determinante)

189 Determine **k** de modo que os pontos A, B e C sejam colineares nos casos:

a) A(– 1, 2), B(– 4, 4) e C(k, 0)

b) A(2k – 1, 1 – k), B(k – 3, k – 1) e C(2k + 1, k – 4)

190 Se o ponto A(5, 1), B(3, 0) e P são colineares e os pontos C(– 1, 2) D(3, – 4) e P são colineares, determine **P**.

191 Determine o intersecção das retas AB e CD dados A(– 1, 3), B(0, 1), C(1, – 4) e D(6, 1).

5) Equação geral da reta

Se uma reta **r** é determinada por dois pontos distintos A e B, vejamos qual é a equação que as coordenadas **x** e **y** de um ponto genérico P(x, y) dessa reta devem satisfazer.

Se A, B e P(x, y) são colineares, então devemos ter:

$$\begin{vmatrix} x_A & y_A & 1 \\ x_B & y_B & 1 \\ x & y & 1 \end{vmatrix} = 0 \Leftrightarrow y(y_A - y_B) - y(x_A - x_B) + 1(x_A y_B - x_B y_A) = 0 \Leftrightarrow$$

$$\Leftrightarrow (y_A - y_B)x + (x_B - x_A)y + (x_A y_B - x_B y_A) = 0$$

Fazendo: $y_A - y_B = a$, $x_B - x_A = b$ e $x_A y_B - x_B y_A = c$, a equação pode ser escrita assim:

$$\boxed{ax + by + c = 0}$$

Esta equação é chamada **equação geral da reta**

Obs: Como os pontos A e B **não** são coincidentes nunca teremos simultaneamente $x_A = x_B$ e $y_A = y_B$, então a e b não serão simultaneamente nulos.

Então as coordenadas x e y de um ponto P(x, y) pertencente à reta determinada pelos pontos distintos A e B satisfazem uma equação do tipo.

$ax + by + c = 0$, com $a \neq 0$ ou $b \neq 0$.

Prova-se também que todos os pontos que satisfazem uma equação do tipo $ax + by + c = 0$ pertencem a uma mesma reta.

Então: A reta determinada por dois pontos distintos tem equação do tipo **ax + by + c = 0** e toda equação do tipo **ax + by + c = 0**, com $a \neq 0$ ou $b \neq 0$ é equação de uma reta.

Exemplo: Determine a equação geral da reta que passa por **A** e **B** nos casos:

1º)

$$\begin{vmatrix} -3 & 2 & 1 \\ 6 & 4 & 1 \\ x & y & 1 \end{vmatrix} = 0 \Leftrightarrow (2-4)x(-3-6)y + (-12-12) = 0$$

$\Leftrightarrow -2x + 9y - 24 = 0$ ou ainda:

$$\boxed{2x - 9y + 24 = 0}$$

É lógico que qualquer equação equivalente a essa é também uma equação da mesma reta **r**:

$4x - 18x + 48 = 0$, $\dfrac{2}{3}x - 3y - 3y + 8 = 0$, $y = \dfrac{2}{3}x + \dfrac{8}{3}$ são também equações da reta **r**.

Quando uma reta r tem equação $2x - 9y + 24 = 0$, indicamos assim: (r) $2x - 9y + 24 = 0$

Resp: **182** a) 50º b) 140º c) 30º d) 160º **183** a) m = 1 b) $\sqrt{3}$ c) $m = -\dfrac{\sqrt{3}}{3}$ d) m = 0 e) Não existe

f) m = -1 g) $m = -\sqrt{3}$ h) $m = \dfrac{\sqrt{3}}{3}$ **184** a) $m = \dfrac{7}{8}$ b) $m = 5\sqrt{2}$ **185** a) $m = \dfrac{-3}{2}$ b) $m = \dfrac{3}{4}$

c) $m = \dfrac{22}{9}$ d) $m = \dfrac{-4}{5}$ **186** a) $a \neq 1, m = -\dfrac{4}{3}$ b) A(-1, 3) e B(5, -1) **187** a) $3x + y - 1 = 0$

b) $x - 2y - 4 = 0$ c) $3x + 2y - 1 = 0$ **188** A, B e C são colineares. a) Razão em x igual à razão em y

b) Determinante = 0

2°)

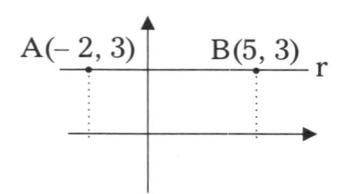

$$\begin{vmatrix} -2 & 3 & 1 \\ 5 & 3 & 1 \\ x & y & 1 \end{vmatrix} = 0 \Leftrightarrow (3-3)x - (-2-5)y + (-6-15) = 0 \Leftrightarrow$$

$$\Leftrightarrow 0x + 7y - 21 = 0 \Leftrightarrow \boxed{y - 3 = 0}$$

A(-2, 3), B(5, 3), r

Note que o coeficiente de **x** é **0**. Podemos afirmar que quando uma equação de reta, na forma simplificada, não apresenta o termo em x (a = 0), então a **reta é horizontal**.

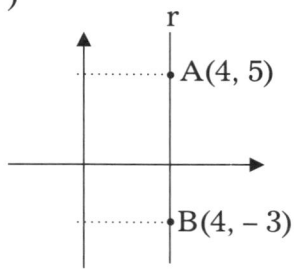

3°)

A(4, 5), B(4, -3), r

$$\begin{vmatrix} 4 & 5 & 1 \\ 4 & -3 & 1 \\ x & y & 1 \end{vmatrix} = 0 \Leftrightarrow (5+3)x - (4-4)y + (-12-20) = 0 \Leftrightarrow$$

$$\Leftrightarrow 8x - 0y - 32 = 0 \Leftrightarrow \boxed{x - 4 = 0}$$

Note que o coeficiente de **y** é **0**. Podemos afirmar que quando uma equação de reta, na forma simplificada, não apresenta o termo em **y** (b = 0), então a **reta é vertical**.

4°)

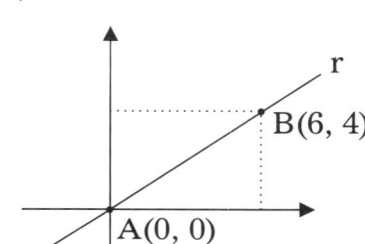

A(0, 0), B(6, 4), r

$$\begin{vmatrix} 0 & 0 & 1 \\ 6 & 4 & 1 \\ x & y & 1 \end{vmatrix} = 0 \Leftrightarrow (0-4)x - (0-6)y + (0-0) = 0 \Leftrightarrow$$

$$\Leftrightarrow -4x + 6y + 0 = 0 \Leftrightarrow \boxed{2x - 3y = 0}$$

Note que a constante c é **0**. Podemos afirmar que quando uma equação de reta, na forma simplificada, não apresenta o termo constante (c = 0), então **a reta passa pela origem do sistema**.

6) Reta horizontal

Como todos os pontos de uma reta horizontal têm a mesma ordenada, e somente os pontos dessa reta têm essa ordenada, há então um modo mais fácil de acharmos a equação dessa reta.

Achemos a equação da reta horizontal que passa por $P(x_P, y_P)$.

$(0, y_P)$, $P(x_P, y_P)$, r

$$\begin{vmatrix} 0 & y_P & 1 \\ x_P & y_P & 1 \\ x & y & 1 \end{vmatrix} = 0 \Leftrightarrow (y_P - y_P)x - (0 - x_P)y + (0 y_P - x_P y_P) = 0 \Leftrightarrow$$

$$\Leftrightarrow 0x + x_P y - x_P y_P = 0 \Leftrightarrow \boxed{y - y_P = 0}$$

Então a equação de uma reta horizontal que passa por $P(x_P, y_P)$ é:

$$\boxed{y - y_P = 0} \quad \text{ou} \quad \boxed{y = y_P}$$

Exemplo: A equação da reta **r** horizontal que passa por $P(-2, 7)$ é

$$(\,r\,)\; y - 7 = 0 \quad \text{ou} \quad (\,r\,)\; y = 7$$

A expressão $y = 7$ em geometria analítica é a equação de uma reta horizontal que intercepta o eixo y em $(0, 7)$.

7) Reta vertical

Como todos os pontos de uma reta vertical têm a mesma abscissa, e somente os pontos dessa reta têm essa abscissa, há então um modo mais fácil de acharmos a equação dessa reta.

Achemos a equação da reta vertical que passa por $P(x_P, y_P)$.

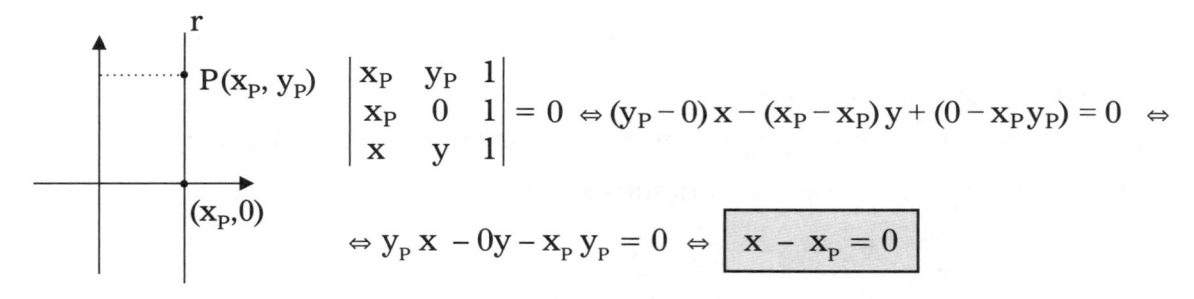

$$\begin{vmatrix} x_P & y_P & 1 \\ x_P & 0 & 1 \\ x & y & 1 \end{vmatrix} = 0 \Leftrightarrow (y_P - 0)x - (x_P - x_P)y + (0 - x_P y_P) = 0 \Leftrightarrow$$

$$\Leftrightarrow y_P x - 0y - x_P y_P = 0 \Leftrightarrow \boxed{x - x_P = 0}$$

Então a equação de uma reta vertical que passa por $P(x_P, y_P)$ é:

$$\boxed{x - x_P = 0} \quad \text{ou} \quad \boxed{x = x_P}$$

Exemplo: A equação da reta r vertical que passa por $P(5, 8)$ é

$$(\,r\,)\; x - 5 = 0 \quad \text{ou} \quad (\,r\,)\; x = 5$$

Exemplo: A equação da reta horizontal que passa pela origem $(0, 0)$,
reta contida no eixo x, é **y = 0**

Exemplo: A equação da reta vertical que passa pela origem $(0, 0)$,
reta contida no eixo y, é **x = 0**

8) Reta oblíqua que passa pela origem O(0, 0)

A reta que passa pela origem do sistema e por um ponto $P(x_P, y_P)$ tem uma equação fácil de ser memorizada.

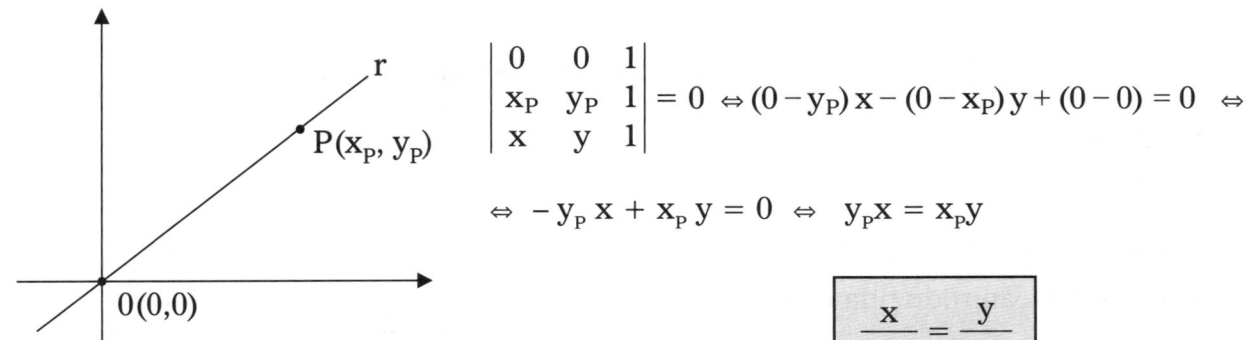

$$\begin{vmatrix} 0 & 0 & 1 \\ x_P & y_P & 1 \\ x & y & 1 \end{vmatrix} = 0 \Leftrightarrow (0 - y_P)x - (0 - x_P)y + (0 - 0) = 0 \Leftrightarrow$$

$$\Leftrightarrow -y_P x + x_P y = 0 \Leftrightarrow y_P x = x_P y$$

$$\boxed{\dfrac{x}{x_P} = \dfrac{y}{y_P}}$$

Resp: **189** a) $k = 2$ b) $k = 2$ ou $k = -\dfrac{7}{2}$ **190** $P(1, -1)$ **191** $\{(2, -3)\}$

Exemplo: A equação da reta r que passa pela origem e por P(4, 6) é

$$\frac{x}{4} = \frac{y}{6} \quad \text{ou} \quad \frac{x}{2} = \frac{y}{3} \quad \text{ou} \quad 3x - 2y = 0$$

Essa última é a equação geral da reta.

Exemplo: A equação da reta que passa pela origem e por P(9, −6) é

$$\frac{x}{9} = \frac{y}{-6} \Rightarrow \frac{x}{3} = \frac{-y}{2} \quad \text{ou} \quad 2x = -3y \quad \text{ou} \quad 2x + 3y = 0$$

9) Coeficiente angular da reta ax + by + c = 0

O coeficiente da reta r não vertical determinada pelos pontos distintos **A** e **B** é dado por

$$m_r = \frac{y_A - y_B}{x_A - x_B} = \frac{y_B - y_A}{x_B - x_A}$$

Quando deduzimos a equação da reta que passa por **A** e **B** chegamos a equação

$(y_A - y_B) x + (x_B - x_A) y + (x_A y_B - x_B y_A) = 0$

e fizemos $y_A - y_B = a$ e $x_B - x_A = b$ e $x_A y_B - x_B y_A = c$ e escrevemos $ax + by + c = 0$

Se a reta r não é vertical, $x_B - x_A = b \neq 0$ e podemos escrever:

$$m_r = \frac{y_A - y_B}{x_A - x_B} = \frac{y_B - y_A}{x_B - x_A} = \frac{-a}{b}$$

Então o coeficiente angular da reta **r**, não é vertical, de equação geral $ax + by + c = 0$ é

$$\boxed{m_r = \frac{-a}{b}}$$

Exemplo: O coficiente angular de (r) $3x - 9y - 7 = 0$ é $m_r = \frac{-a}{b} = \frac{-3}{-9} = \frac{1}{3} \Rightarrow m_r = \frac{1}{3}$

10) Equação reduzida da reta

Se uma reta de equação geral $ax + by + c = 0$ não vertical, temos que $b \neq 0$ e podemos escrever:

$$ax + by + c = 0 \Leftrightarrow by = -ax - c$$

$$\Leftrightarrow \boxed{y = -\frac{a}{b}x - \frac{c}{b}}$$

Como $-\frac{a}{b}$ é o coeficiente angular m da reta, fazendo $-\frac{c}{b} = q$, q é chamado **coeficiente linear** da reta, podemos escrever:

$$\boxed{y = mx + q} \quad \text{que é chamada \textbf{equação reduzida} da reta.}$$

$\begin{cases} m = \text{coeficiente angular} \\ q = \text{coeficiente linear} \end{cases}$

Obs: A reta vertical não tem equação reduzida.

Exemplo: Obter a equação reduzida de (r) $3x - y - 7 = 0$

$$3x - y - 7 = 0 \Leftrightarrow -y = -3x + 7 \Rightarrow \boxed{y = 3x - 7}$$

Note que o coeficiente angular de r é $m_r = 3$

192 Determine a equação geral da reta r que passa pelos pontos **A** e **B** nos casos:
a) A(– 3, 2) e B(2, 3)

b) A(0, – 3) e B(– 4, 3)

c) A(– 2, – 1) e B(1, 5)

193 Verifique se o ponto P pertence à reta (r) $3x - y - 7 = 0$ nos casos:
a) P(3, 1)　　　　　　　　　　　　b) P(3, 2)

c) P(2, – 1)　　　　　　　　　　　d) P(1, – 5)

194 Determine **k** de modo que o ponto **P** pertença à reta **r** nos casos:
a) P(0, 0), (r) $3x - 2y + k = 0$

b) P(– 2, 3), (r) $2x + y + k = 0$

c) P(– 2, – 3), (r) $(2k - 1)x - 2(k + 3)y - k + 1 = 0$

195 Escrever a equação geral das retas horizontais **r**, **s** e **t**.

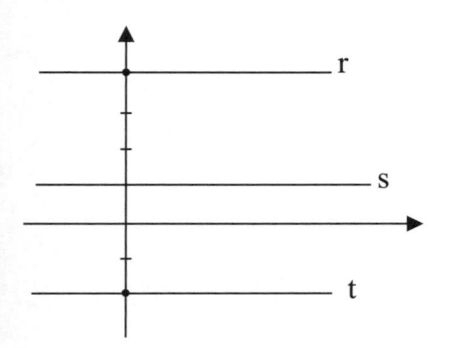

196 Escrever a equação geral das retas verticais **r**, **s**, **t** e **u**.

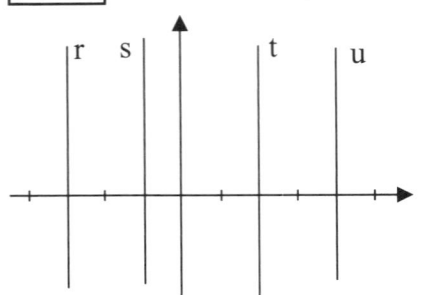

197 Determine a equação geral das retas **r**, **s** e **t**.

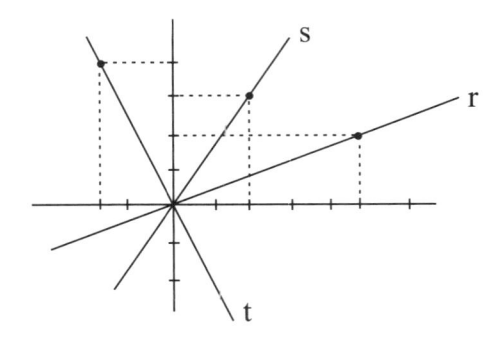

198 Determine a equação geral da reta horizontal que passa por **P**, nos casos:

a) P(– 2, 7)   b) P(5, – 2)

c) P(0, 3)   d) P(0, 0)

e) P(– 3, – 5)   f) P(a, 8)

199 Determine a equação geral da reta vertical que passa por **P**, nos casos:

a) P(3, – 2)   b) P(– 3, 4)

c) P(– 5, – 8)   d) P(0, 0)

e) P(0, a)   f) P(7, a)

200 Determine a equação geral da reta que passa pela origem do sistema e pelo ponto **P** nos casos:

a) P(6, 9)

b) P(– 3, – 2)

c) P(4, – 3)

d) P(0, 4)

e) P(– 3, 0)

201 Determine o coeficiente angular da reta **r** dada a sua equação geral nos casos:

a) $4x - 2y + 7 = 0$
m =

b) $6x + 8y - 3 = 0$

c) $5x - 3y - 2 = 0$

d) $8x - 12y = 0$

e) $3y - 6 = 0$

f) $2x - 8 = 0$

---

202 Dada a equação geral da reta **r** e o seu coeficiente angular, determine k, nos casos:

a) (r) $6x + ky - 7 = 0$, $m = -2$

b) (r) $kx - (k + 5)y - 1$, m =

---

203 Dada equação geral da reta **r**, determine a sua equação reduzida e então determine o seu coeficiente angular e o seu coeficiente linear.

a) $4x - y + 5 = 0$

b) $2x - 4y - 5 = 0$

c) $3x - 7y = 0$

d) $3y - 9 = 0$

e) $4x + 2y - 7 = 0$

f) $4x - 9 = 0$

---

204 Se os pontos A(2, 2) e B(– 1, – 7) pertencem à reta (r) $y = mx + q$, determine **m** e **q**, lembrando de que as coordenadas dos pontos têm que satisfazer a equação da reta.

---

205 Se a reta (r) $y = mx + 3$ passa pelo ponto P(– 2, – 5), determine o seu coeficiente angular.

Resp: **192** a) $x - 5y + 13 = 0$ b) $3x + 2y + 6 = 0$ c) $2x - y + 3 = 0$ **193** a) Não   b) Sim   c) Sim   d) Não   **194** a) $k = 0$ b) $k = 1$ c) $k = -21$ **195** (r) $y - 4 = 0$, (s) $y - 1 = 0$, (t) $y + 2 = 0$

11) Equação segmentária da reta

Seja **r** uma reta oblíqua aos eixos e que não passa pela origem. Vamos achar a equação dessa reta levando em conta os pontos P(p, 0)   e   Q(0, q) onde ela intercepta os eixos coordenados.

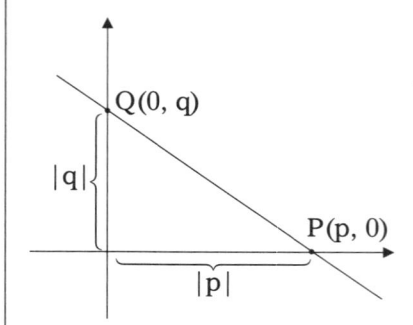

$\begin{vmatrix} p & 0 & 1 \\ 0 & q & 1 \\ x & y & 1 \end{vmatrix} = 0 \Leftrightarrow (0-q)x - (p-0)y + (pq-0) = 0 \Leftrightarrow -qx - py + pq = 0 \Leftrightarrow$

$\Leftrightarrow qx + py - pq = 0$

Há uma outra forma de escrever essa equação que as vezes é útil.

$qx + py - pq = 0 \Leftrightarrow qx + py = pq \Rightarrow \dfrac{qx}{pq} + \dfrac{px}{pq} = \dfrac{pq}{pq} \Rightarrow$

$\Rightarrow \boxed{\dfrac{x}{p} + \dfrac{y}{p} = 1}$ Está equação é chamada equação segmentária da reta

Então a equação da reta que corta o eixo nos pontos P(p, 0) e Q(0, q) é $\dfrac{x}{p} + \dfrac{y}{p} = 1$

Sendo ax + by + c = 0 a equação geral da reta **r** acima, vamos determinar **p** e **q** em função de a, b e c.

- $(p, 0) \in r \Rightarrow a \cdot p + b \cdot 0 + c = 0 \Rightarrow p = \dfrac{-c}{a}$

- $(0, q) \in r \Rightarrow a \cdot 0 + b \cdot q + c = 0 \Rightarrow q = \dfrac{-c}{b}$

Então, dada a equação geral ax + by + c = 0 de uma reta **r**, sendo, abc $\neq$ 0 como $p = \dfrac{-c}{a}$, $q = \dfrac{-c}{b}$ e $\dfrac{x}{p} + \dfrac{y}{q} = 1$ é a equação segmentária, podemos escrever: $\dfrac{x}{\frac{-c}{a}} + \dfrac{y}{\frac{-c}{b}} = 1$

Exemplo: Escreva a equação segmentária da reta **r** e a da reta **s**.

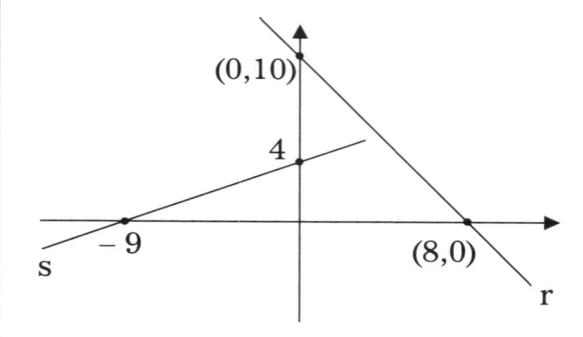

(r): $\dfrac{x}{p} + \dfrac{y}{q} = 1 \Rightarrow$ (r): $\dfrac{x}{8} + \dfrac{y}{10} = 1$

(s): $\dfrac{x}{p} + \dfrac{y}{q} = 1 \Rightarrow$ (s): $\dfrac{x}{-9} + \dfrac{y}{4} = 1$

Exemplo: Dada a equação geral 3x + 4y – 12 = 0 de uma reta r, determine a equação segmentária de **r**.

1º Modo (Determinando p e q)

(r): 3x + 4y – 12 = 0

- $y = 0 \Rightarrow 3x + 4 \cdot 0 - 12 = 0 \Rightarrow x = 4 \Rightarrow (4, 0) \in r \Rightarrow p = 4$

- $x = 0 \Rightarrow 3 \cdot 0 + 4y - 12 = 0 \Rightarrow y = 3 \Rightarrow (0, 3) \in r \Rightarrow q = 3$

$\dfrac{x}{p} + \dfrac{y}{q} = 1 \Rightarrow \boxed{\dfrac{x}{4} + \dfrac{y}{3} = 1}$

2º Modo (Dividindo por – c)

(r): $3x + 4y - 12 = 0 \quad 3x + 4y = 12 \Rightarrow \dfrac{3x}{12} + \dfrac{4y}{12} = \dfrac{12}{12} \Rightarrow \boxed{\dfrac{x}{4} + \dfrac{y}{3} = 1}$

12) Equações paramétricas da reta

Dadas duas funções **f** e **g** de graus menor ou igual a 1, não simultaneamente de grau zero (funções constantes):

$x = f(t)$ e $y = g(t)$, vamos provar que os pares (x, y) determinados por essas expressões pertencem todos a uma mesma reta. Vejamos:

$\begin{cases} f(t) = a't + b' \\ g(t) = a''t + b'' \end{cases} \Rightarrow \begin{cases} x = a't + b' \\ y = a''t + b'' \end{cases} \Rightarrow \begin{cases} a''x = a''a't + a''b' \\ -a'y = -a''a't - a'b'' \end{cases} \Rightarrow a''x - a'y = a''b' - a'b'' \Leftrightarrow$

$\Rightarrow a''x - a'y + a'b'' - a''b' = 0$. Como a'' e a' não são simultaneamente nulos, essa equação é do tipo

$ax + by + c = 0$ com a e b não simultaneamente nulos, que é a equação de uma reta **r**.

Desta forma, as equações $\begin{cases} x = f(t) \\ y = g(t) \end{cases}$

são chamadas equações paramétricas da reta **r**.

Exemplo: Determine a equação geral de uma reta, dadas duas equações paramétricas dessas retas (r): $\begin{cases} x = t + 3 \\ y = 2t - 1 \end{cases}$

Vamos eliminar t nessas equações:

$\begin{cases} -2x = -2t - 6 \\ y = 2t - 1 \end{cases} \Rightarrow -2x + y = -7 \Rightarrow \boxed{2x - y - 7 = 0}$

13) Equação da reta que passa pelo ponto P e tem coeficiente angular m

Vamos descobrir a equação de uma reta que passa por um ponto $P(x_P, y_P)$ dado e tem coeficiente angular m dado.

Note que se o coeficiente angular da reta é **m**, então a reta não é vertical.

Sendo $A(x, y)$ um ponto qualquer dessa reta, distinto de P, vejamos qual é a relação entre **x** e **y**.

Como o coeficiente angular de **r** é **m** e ela passa por **P** e **A** temos

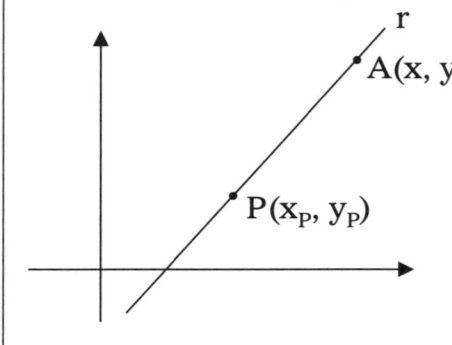

$m = \dfrac{y - y_P}{x - x_P} \Leftrightarrow \boxed{y - y_P = m(x - x_P)}$

Como o ponto (x_P, y_P) satisfaz também essa equação, ela é chamada **equação da reta que passa por P e tem coeficiente angular m**.

Resp: **196** (r) $x + 2 = 0$, (s) $x + 1 = 0$, (t) $x - 2 = 0$, (u) $x - 4 = 0$ **197** (r) $2x - 5y = 0$, (s) $3x - 2y = 0$, (t) $2x + y = 0$
198 a) $y - 7 = 0$ b) $y + 2 = 0$ c) $y - 3 = 0$ d) $y = 0$ e) $y + 5 = 0$ f) $y - 8 = 0$ **199** a) $x - 3 = 0$
b) $x + 3 = 0$ c) $x + 5 = 0$ d) $x = 0$ e) $x = 0$ f) $x - 7 = 0$ **200** a) $3x - 2y = 0$ b) $2x - 3y = 0$
c) $3x + 4y = 0$ d) $x = 0$ e) $y = 0$ **201** a) 2   b) $-\dfrac{3}{4}$ c) $\dfrac{5}{3}$ d) $\dfrac{2}{3}$ e) 0   f) Não existe
202 a) $k = 3$ b) $k = -3$ **203** a) $y = 4x + 5, m = 4, q = 5$ b) $y = \dfrac{1}{2}x - \dfrac{5}{4}, m = \dfrac{1}{2}, q = \dfrac{-5}{4}$
c) $y = \dfrac{3}{7}x, m = \dfrac{3}{7}, q = 0$ d) $y = 3, m = 0, q = 3$ e) $y = -2x + \dfrac{7}{2}, m = -2, q = \dfrac{7}{2}$
f) Não existe equação reduzida de r   **204** $m = 3, q = -4$ **205** $m = 4$

Exemplo: Determine a equação geral da reta que passa por P(− 3, 5) e tem coeficiente angular

$y - y_P = m(x - x_P) \Leftrightarrow y - 5 = -\frac{2}{3}(x - [-3]) \Leftrightarrow$

$\Leftrightarrow 3y - 15 = -2x - 6 \Leftrightarrow \boxed{2x + 3y - 9 = 0}$

Exemplo: Determine a equação segmentária da reta que passa por P(4, − 1) e tem coeficiente angular m = m = $\frac{1}{2}$

$y - y_P = m(x - x_P) \Leftrightarrow y - (-1) = \frac{1}{2}(x - 4) \Leftrightarrow 2y + 2 = x - 4 \Leftrightarrow$

$\Leftrightarrow x - 2y = 6 \Leftrightarrow \frac{x}{6} - \frac{2y}{6} = \frac{6}{6} \Leftrightarrow \boxed{\frac{x}{6} + \frac{y}{-3} = 1}$

206 Determine o ponto onde a reta **r** corta o eixo das abscissas, nos casos:
a) (r) 2x − 3y − 8 = 0

b) (r) 4x − 7y + 2 = 0

c) (r) 3x − 2y = 0

d) (r) 2x − 10 = 0

e) (r) 2y − 6 = 0

207 Determine o ponto onde a reta **r** corta o eixo das ordenadas, nos casos:
a) (r) 5x − 3y + 9 = 0

b) (r) 7x + 8y − 4 = 0

c) (r) 6x − 5y = 0

d) (r) 3y + 9 = 0

e) (r) 5x − 9 = 0

208 Escreva a equação segmentária da reta r e da reta s nos casos:

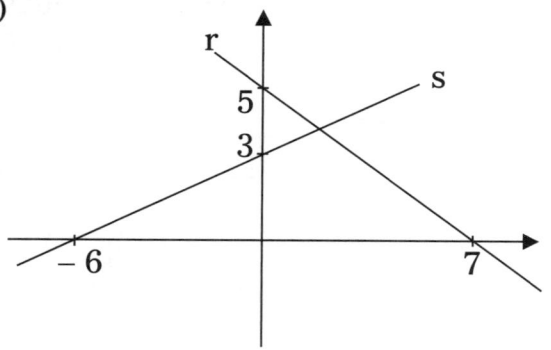

a)

b)

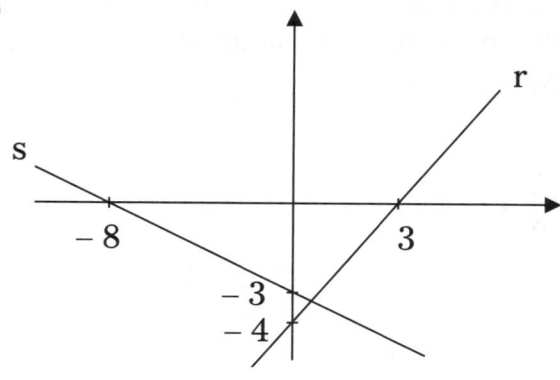

209 Determine as equações gerais da retas r, s e t esboçadas abaixo.

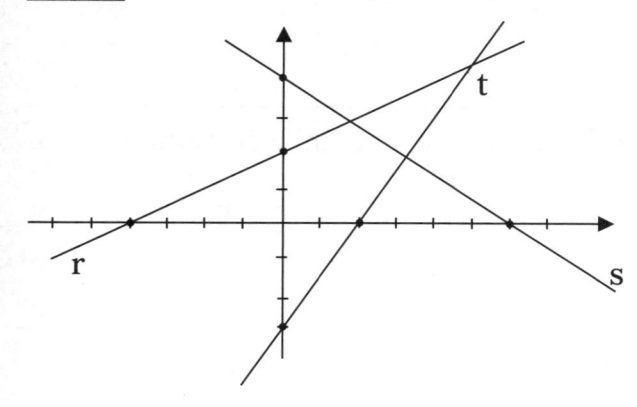

210 Dados os pontos onde a reta r intercepta os eixos, escrevendo primeiro a equação segmentária de r, determine a sua equação reduzida nos casos:

a) (4, 0) e (0, 8)

b) (– 3, 0) e (0, 6)

c) (6, 0) e (0, – 8)

211 Dada uma equação da reta **r**, determinando p (abscissa do ponto onde a reta intercepta o eixo das abscissas) e q (ordenada do ponto onde a reta intercepta o eixo das ordenadas), escreva a equação segmentária de r, nos casos:

a) $2x + 5y - 20 = 0$

b) $y = -\dfrac{2}{3}x + 4$

c) $4x - 9y + 24 = 0$

d) $5x + 3y + 7 = 0$

---

212 Dada a equação geral da reta **r**, dividindo por $-c$, determine a sua equação segmentária.

a) $3x + 2y - 24 = 0$
b) $8x + 2y + 16 = 0$

c) $5x - 2y - 5 = 0$
d) $3x - 5y + 2 = 0$

---

213 Determinando a equação segmentária da reta **r**, esboçar o seu gráfico e determinar a área do triângulo que ela determina com os eixos coordenados, nos casos:

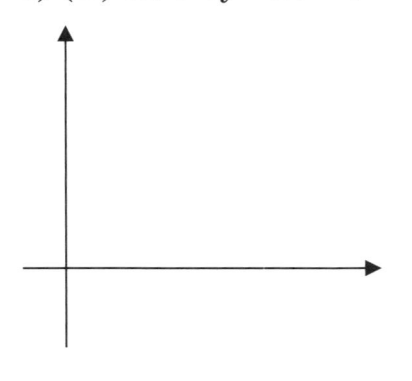

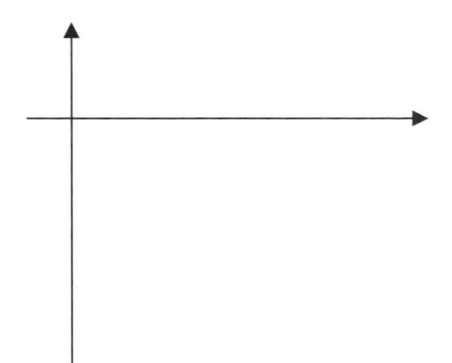

a) (r) $3x + 4y - 24 = 0$
b) (s) $6x - 3y - 18 = 0$

214 Dada uma equação da reta **r**, determine a área do triângulo que ela determina com os eixos coordenados, nos casos:

a) $\dfrac{x}{5} + \dfrac{y}{-4} = 1$

b) $y = 6x + 8$

c) $6x - 2y + 24 = 0$

d) $2x - 3y + 7 = 0$

e) $\dfrac{2x}{3} + \dfrac{3y}{5} = 1$

f) $y = \dfrac{2}{3}x - \dfrac{7}{6}$

215 Determine **k** de modo que o triângulo que a reta r determina com os eixos tenha a área dada, nos casos:

a) (r) $kx - 6y - 24 = 0$, S = 12 u.a.

b) (r) $2x + ky - 12 = 0$, S = 8 u.a.

216 Se $x = t + 2$ e $y = 2t - 1$ são equações paramétricas de uma reta **r**, determine os pontos dessa reta para os seguintes valores de **t**:

a) $t = 1 \Rightarrow$

b) $t = 0 \Rightarrow$

c) $t = -1$

d) $t = -3$

e) $t = \dfrac{1}{2}$

f) $t = 20$

217 Dadas equações paramétricas da reta r, determine os pontos onde ela intercepta os eixos coordenadas, nos casos:

a) $x = t + 3, y = 2t - 4$

b) $\begin{cases} x = 1 + 2t \\ y = t + 7 \end{cases}$

Resp: **206** a) (4, 0) b) $\left(-\dfrac{1}{2}, 0\right)$ c) (0, 0) d) (5, 0) e) r não corta esse eixo **207** a) (0, 3) b) $\left(0, \dfrac{1}{2}\right)$ c) (0, 0) d) (0, -3) e) r não corta esse eixo **208** a) (r) $\dfrac{x}{7} + \dfrac{y}{5} = 1$ (s) $\dfrac{x}{-6} + \dfrac{y}{3} = 1$ b) (r) $\dfrac{x}{3} + \dfrac{y}{-4} = 1$ (s) $\dfrac{x}{-8} + \dfrac{y}{-3} = 1$ **209** (r) $x - 2y + 4 = 0$, (s) $2x + 3y - 12 = 0$, (t) $3x - 2y - 6 = 0$ **210** a) $y = -2x + 8$ b) $y = 2x + 6$ c) $y = \dfrac{4}{3}x - 8$

218 Dadas equações paramétricas da reta **r**, determine a sua equação geral, nos casos:

a) $\begin{cases} x = t + 4 \\ y = 2t + 1 \end{cases}$
b) $\begin{cases} x = 3 - 2t \\ y = t + 4 \end{cases}$
c) $\begin{cases} x = 1 + 2t \\ y = 3t - 2 \end{cases}$

219 Dadas equações paramétricas da reta **r**, determine sua equação reduzida nos casos:

a) $\begin{cases} x = t + 4 \\ y = 2t - 3 \end{cases}$

b) $\begin{cases} x = 2t - 3 \\ y = 3 - 5t \end{cases}$

220 Dadas equações paramétricas da reta **r**, determine a área do triângulo que ela determina com os eixos, nos casos:

a) $\begin{cases} x = 3 - t \\ y = 2t - 4 \end{cases}$

b) $\begin{cases} x = 8 + t \\ y = 12 + 2t \end{cases}$

221 Dada a reta (r) $3x - 2y - 2 = 0$ e uma equação paramétrica, determine a outra equação paramétrica, de modo que elas sejam equações paramétricas da reta **r**.

a) $x = 2t + 4$

b) $x = t - 2$

c) $y = t + 5$

222 Sendo **m** o coeficiente angular de uma reta **r** que passa por um ponto $P(x_P, y_P)$, se $A(x, y)$ é um ponto genérico dessa reta, escreva uma relação entre essas coordenadas e o coeficiente **m**.

Obs: Lembre-se de que o coeficiente angular da reta que passa por dois pontos destacados é o quociente entre a diferença das ordenadas e a diferença das abscissas desses pontos.

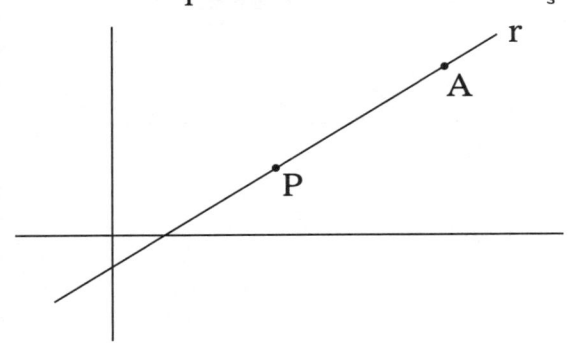

223 Determine a equação reduzida reta que passa por **P** e tem coeficiente angular **m** nos casos:

a) $P(2, 5)$, $m = 3$

b) $P(-2, 3)$, $m = -2$

c) $P(3, -4)$, $m = \dfrac{2}{3}$

d) $P(0, -4)$, $m = -\sqrt{2}$

e) $P\left(-\dfrac{1}{2}, 0\right)$, $m = \sqrt{5}$

f) $P(-3, -2)$, $m = -\dfrac{3}{5}$

224 Determine a equação geral da reta que passa por **P** e tem coeficiente angular **m** nos casos:

a) $P(-2, 5)$, $m = -3$

b) $P(3, -4)$, $m = \dfrac{-3}{2}$

c) $P\left(2, -\dfrac{1}{2}\right)$, $m = -\dfrac{1}{3}$

Resp: **211** a) $\dfrac{x}{10} + \dfrac{y}{4} = 1$ b) $\dfrac{x}{6} + \dfrac{y}{4} = 1$ c) $\dfrac{x}{-6} + \dfrac{y}{\frac{8}{3}} = 1$ d) $\dfrac{x}{\frac{-7}{5}} + \dfrac{y}{\frac{-7}{3}} = 1$ **212** a) $\dfrac{x}{8} + \dfrac{y}{12} = 1$ b) $\dfrac{x}{-2} + \dfrac{y}{-8} = 1$ c) $\dfrac{x}{1} + \dfrac{y}{\frac{5}{2}} = 1$ d) $\dfrac{x}{\frac{-2}{3}} + \dfrac{y}{\frac{2}{5}} = 1$ **213** a) S = 24 b) S = 9

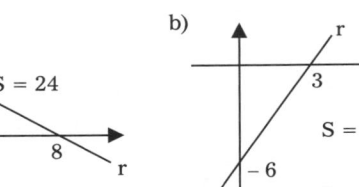

214 a) 10 u.a. b) $\dfrac{16}{3}$ c) 24 d) $\dfrac{49}{12}$ e) $\dfrac{5}{4}$ f) $\dfrac{49}{48}$ **215** a) 4 ou -4 b) $\dfrac{9}{2}$ ou $\dfrac{-9}{2}$

216 a) (3, 1) b) (2, -1) c) (1, -3) d) (-1, -7) e) $\left(\dfrac{5}{2}, 0\right)$ f) (22, 39)

217 a) (0, -10), (5, 0) b) (0, 10), (-10, 0)

225 Determine a equação geral das retas **r** e **s** nos casos:

a) [figura com retas: s formando 120° e r formando 30° — mas veja: r passa pela origem formando ângulo com eixo; s forma 120°, r forma 30°... na verdade r é a reta íngreme e s é a outra]

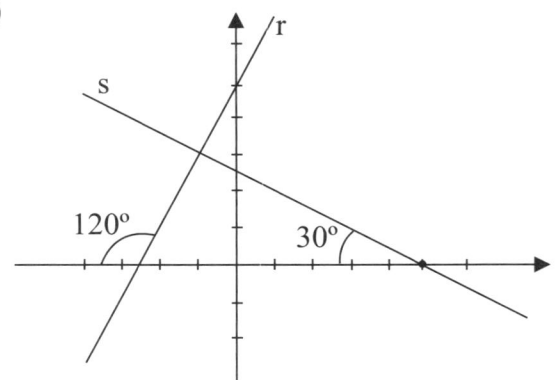

b) [figura: s forma 150° passando por 7 no eixo y; outra reta forma 135° passando por 9 no eixo x]

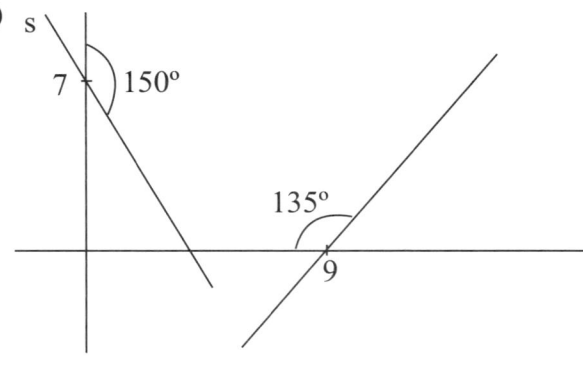

226 Determine a equação geral da reta que passa por **P** e forma ângulo α com o eixo das abscissas nos casos:

a) P(−3, −6), α = 135°   b) P(2, −5), α = 60°   c) P(−1, −3), α = 150°

---

14) Retas paralelas

Se duas retas são verticais, elas são paralelas e não têm coeficientes angulares. E como é apenas neste caso que elas não têm coeficientes angulares, podemos dizer:

| r e s não têm coeficientes angulares | ⇒ | r e s são verticais | ⇒ | r e s são paralelas |

Se r e s são horizontais, **r** e **s** são paralelas e têm coeficientes angulares nulos.
E como é apenas neste caso que os coeficientes angulares são nulos, podemos escrever:

| r e s têm coeficientes angulares nulos | ⇒ | r e s são horizontais | ⇒ | r e s são paralelas |

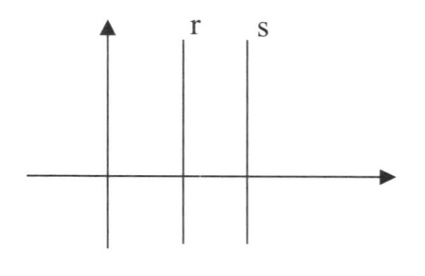

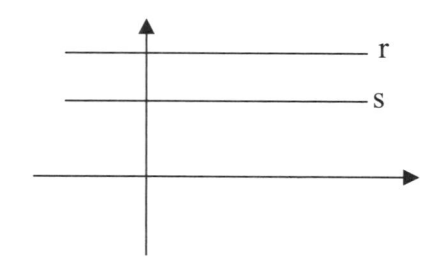

Se **r** e **s** não são verticais, **r** e **s** têm coeficientes angulares e podemos dizer se são paralelas ou não, de acordo com os coeficientes angulares.

Sejam **r** e **s** duas retas não verticais que formam ângulos α e β com o eixo dos **x** e sejam m_r e m_s seus coeficientes angulares.

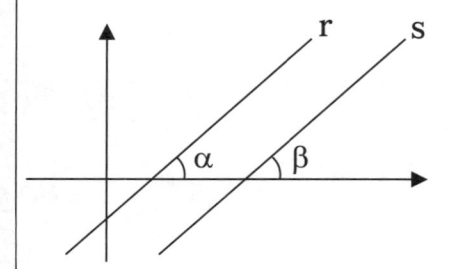

$$\alpha = \beta \Leftrightarrow tg\alpha = tg\beta \Leftrightarrow m_r = m_s \Leftrightarrow r//s$$

Então duas retas não verticais são paralelas se, e somente se, têm coeficientes angulares iguais.

$$\boxed{m_r = m_s \Leftrightarrow r//s}$$

Exemplo: Dadas as retas (r) $4x - 6y - 7 = 0$ e (s) $6x - 9y + 5 = 0$, como

$m_r = \dfrac{-a}{b} = \dfrac{-4}{-6} = \dfrac{2}{3}$ e $m_s = \dfrac{-a}{b} = \dfrac{-6}{-9} = \dfrac{2}{3}$, note que $m_r = m_s$. Então **r** e **s** são paralelas.

15) Retas perpendiculares

Se duas retas **r** e **s**, com coeficientes angulares m_r e m_s são perpendiculares, vamos provar que:

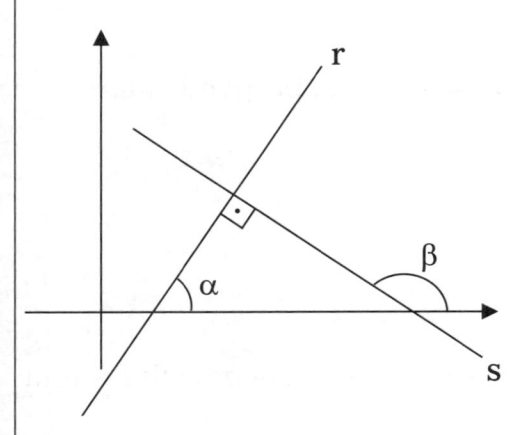

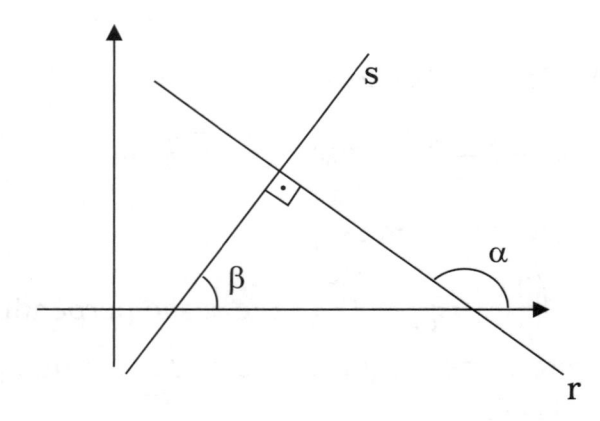

$$m_r \cdot m_s = -1 \text{ ou } m_r = \dfrac{-1}{m_s} \text{ ou } m_s = \dfrac{-1}{m_r}$$

Note que $m_r = tg\alpha$ e $m_s = tg\beta$ e que $\beta = \dfrac{\pi}{2} + \alpha$ ou $\alpha = \dfrac{\pi}{2} + \beta$

Então: $tg\beta = tg\left(\dfrac{\pi}{2} + \alpha\right)$ ou $tg\alpha = tg\left(\dfrac{\pi}{2} + \beta\right)$

Resp: **218** a) $2x - y - 7 = 0$ b) $x + 2y - 11 = 0$ c) $3x - 2y - 7 = 0$ **219** a) $y = 2x - 11$ b) $y = -\dfrac{5}{2}x - \dfrac{9}{2}$
220 a) 2u.a. b) 4u.a. **221** a) $y = 3t + 5$ b) $y = \dfrac{3}{2}t - 4$ c) $y = \dfrac{3}{2}t + \dfrac{13}{2}$ **222** $y - y_P = m(x - x_P)$
223 a) $y = 3x - 1$ b) $y = -2x - 1$ c) $y = \dfrac{2}{3}x - 6$ d) $y = -\sqrt{2}x - 4$ e) $y = \sqrt{5}x + \dfrac{\sqrt{5}}{2}$ f) $y = \dfrac{-3}{5}x - \dfrac{19}{5}$
224 a) $3x + y + 1 = 0$ b) $3x + 2y - 1 = 0$ c) $2x + 6y - 1 = 0$

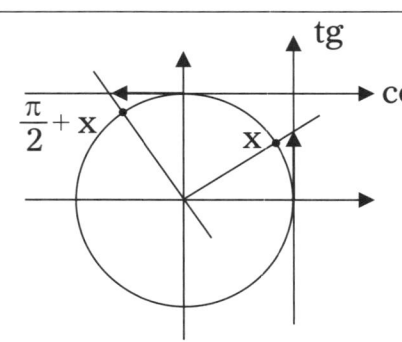

E como

$$tg\left(\frac{\pi}{2}+x\right)=-cotgx \quad \text{podemos escrever:}$$

$$tg\beta = -cotg\alpha \quad \text{ou} \quad tg\alpha = -cotg\beta \Rightarrow$$

$$\Rightarrow tg\beta = -\frac{1}{tg\alpha} \quad \text{ou} \quad tg\alpha = -\frac{1}{tg\beta} \Rightarrow$$

$$m_s = -\frac{1}{m_r} \quad \text{ou} \quad m_r = -\frac{1}{m_s} \Rightarrow \boxed{m_r \cdot m_s = -1}$$

Vejamos agora o que ocorre quando $m_r \cdot m_s = -1$

$$m_r \cdot m_s = -1 \Rightarrow m_r = -\frac{1}{m_s} \Rightarrow tg\alpha = -\frac{1}{tg\beta} \Rightarrow$$

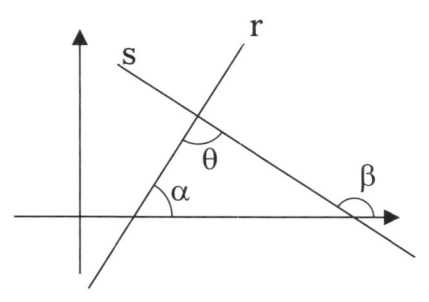

$\Rightarrow tg\alpha = cotg\beta \Rightarrow \alpha = \frac{\pi}{2}+\beta$ ou $\beta = \frac{\pi}{2}+\alpha$. E como na figura $\beta = \theta + \alpha$, concluímos que $\theta = \frac{\pi}{2}$. Então podemos afirmar:

$$\boxed{r \text{ e } s \text{ são perpendiculares} \Leftrightarrow m_r \cdot m_s = -1}$$

Se **r** e **s** são perpendiculares, como $m_r \cdot m_s = -1$, se $m_r = \frac{a}{b}$ obtemos: $\frac{a}{b} \cdot m_s = -1 \Rightarrow m_s = \frac{-b}{a}$

O coeficiente angular de uma é o **oposto do inverso do coeficiente angular** da outra

Então: r e s são perpendiculares: $\boxed{m_r = \frac{a}{b} \Leftrightarrow m_s = -\frac{b}{a}}$

Exemplo: Dadas (r): $3x - 2y - 7 = 0$ e (s): $y = -\frac{2}{3}x + 9$, verifique se elas são perpendiculares.

(r) $3x - 2y - 7 = 0 \Rightarrow m_r = \frac{-a}{b} = \frac{-3}{-2} \Rightarrow m_r = \frac{3}{2}$

(s) $y = -\frac{2}{3}x + 9$, $y = mx + q \Rightarrow m_s = -\frac{2}{3}$

$m_r \cdot m_s = \left(\frac{3}{2}\right) \cdot \left(-\frac{2}{3}\right) = -1 \Rightarrow$ r e s são perpendiculares

Exemplo: Determine a equação geral da reta que passa po P(– 1, 5) e é perpendicular à reta (r) $3x - 2y - 9 = 0$.

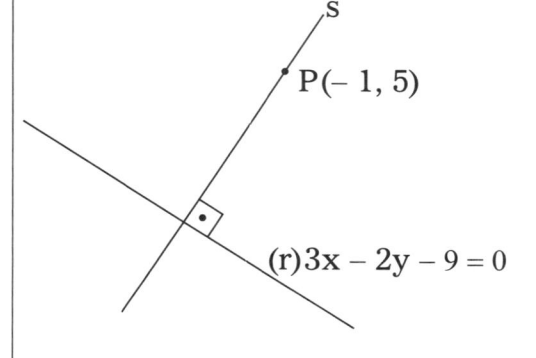

1º) (r) $3x - 2y - 9 = 0 \Rightarrow m_r = \frac{-a}{b} = \frac{-3}{-2} \Rightarrow m_r = \frac{3}{2}$

2º) $s \perp r \Rightarrow m_r \cdot m_s = -1 \Rightarrow \frac{3}{2} \cdot m_s = -1 \Rightarrow m_s = -\frac{2}{3}$

3º) (s): $y - y_P = m(x - x_P) \Rightarrow$

$\Rightarrow y - 5 = -\frac{2}{3}(x - [-1]) \Rightarrow 3y - 15 = -2x - 2 \Rightarrow$

$$\boxed{\Rightarrow (s)\ 2x + 3y - 13 = 0}$$

227 Se as retas **r** e **s** são paralelas, dado o coeficiente angular de uma, determine o coeficiente angular da outra, nos casos:

a) $m_r = 5$
b) $m_r = \dfrac{2}{3}$
c) $m_s = -3$
d) $m_s = 0$
e) $m_r = -\dfrac{1}{2}$
$m_s =$

228 Dada uma equação da reta **r**, sendo s uma reta paralela à **r**, determine o coeficiente angular da reta **s** nos casos:

a) (r) $y = 3x - 7$
b) (r) $y = \dfrac{2}{3}x - 9$
c) (r) $6x - 4y + 5 = 0$

d) (r) $\dfrac{x}{6} + \dfrac{y}{4} = 1$
e) (r) $\begin{cases} x = 2t + 1 \\ y = t - 2 \end{cases}$
f) (r) $3x + 5y - 1 = 0$

229 Dada a reta (r) $4x - 2y - 3 = 0$ e o ponto $P(-1, 3)$, determine a equação da reta **s** que passa por P e é paralela à **r**.

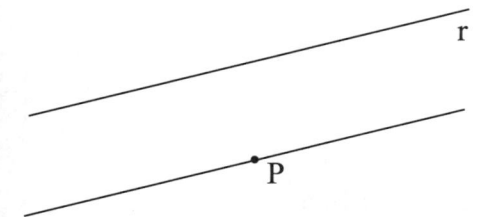

230 Determine a equação da reta que passa por **P** e é paralela à reta **r** nos casos:

a) $P(2, -4)$ e (r) $2x - 6y - 5 = 0$
b) $P(3, -6)$ e (r) $3x - y - 7 = 0$

231 Mostre que as retas (r) $ax + by + c = 0$ e (s) $ax + by + c' = 0$ são paralelas.

232 Mostre que as retas (r) $ax + by + c = 0$ e (s) $kax + kby + c' = 0$, $k \neq 0$, são paralelas

---

Resp: **225** a) (r) $\sqrt{3}x - y + 5 = 0$, (s) $\sqrt{3}x + 3y - 5\sqrt{3} = 0$ b) (r) $x - y - 9 = 0$, (s) $\sqrt{3}x + y - 7 = 0$

226 a) $x + y + 7 = 0$ b) $\sqrt{3}x - y - 2\sqrt{3} - 5 = 0$ c) $\sqrt{3}x + 3y + \sqrt{3} + 9 = 0$

233 Resolver:

a) Como sabemos, as retas (r) $2x + 5y + 4 = 0$ e (s) $2x + 5y - 4 = 0$ são paralelas. Qual delas passa por P(– 3, 2)?

b) Se a reta (s) $3x - 4y + k = 0$ passa por P(2, – 1), determine **k**.

c) As retas (r) $x + 2y - 7 = 0$ e (s) $x + 2y + k = 0$ são, como sabemos, paralelas. Uma passa por A(– 1, 3) e a outra por B(3, 2). Determine **k**.

d) As retas (r) $9x - 6y - 7 = 0$ e (s) $3x - 2y + k = 0$ são, como sabemos, paralelas. Uma passa por $A\left(1, \frac{1}{3}\right)$ e a outra por $B\left(\frac{1}{3}, 1\right)$. Determine **k**.

e) Verifique se as retas (r) $\dfrac{x}{10} + \dfrac{y}{\frac{5}{2}} = 1$ e (s) $x = 2t + 4$ e $y = \dfrac{3-t}{2}$ são paralelas.

234 Escrever as equações de três retas que são paralelas à reta (r) $6x + 8y - 1 = 0$.

235 Determine a equação da reta s que passa por P(– 3, 2) e é paralela à reta (r) $5x - 2y - 1 = 0$

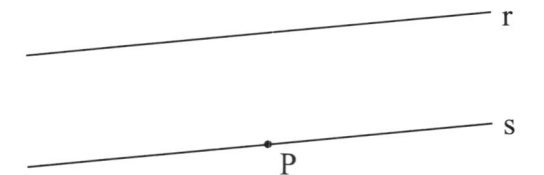

236 Determine a equação da reta que passa por P e é paralela à reta **r** nos casos:
a) P(– 5, 3), (r) $3x + 2y - 10 = 0$
b) P(3, – 5), (r) $4x - 6y - 5 = 0$

237 Determine a equação da reta que passa pela origem do sistema e é paralela à reta **r** nos casos:

a) (r) 2x – 7y + 9 = 0	b) (r) 3x + 6y – 8 = 0	c) (r) 4x + 3y – 11 = 0

---

238 Determine a equação da reta que passa por P(– 3, 2) e é paralela à reta **r** nos casos:

a) (r) y = 2x + 7	b) (r) $\dfrac{x}{3} + \dfrac{y}{-2} = 1$	c) (r) $\begin{cases} x = 2 - 3t \\ y = t + 2 \end{cases}$

---

239 Determinar a equação da reta que passa por P(– 7, 2) e é paralela à reta AB dados A(– 2, 3) e B(2, – 3).

---

240 Escreva as equações de três retas paralelas à reta **r** nos casos:

a) (r) 2x – 3 = 0	b) (r) 3y – 2 = 0

---

241 Determine a equação da reta que é paralela à reta (r) 3x – 2 = 0 e passa por **P** nos casos:

a) P(3, 2)	b) P(– 4, 3)	c) P(6, 2)	d) P(– 7, 0)

---

242 Determine a equação da reta que é paralela à reta (r) 2y – 7 = 0 e passa por **P** nos casos:

a) P(5, 7)	b) P(– 4, 9)	c) P(5, – 6)	d) P(0, – 3)

Resp: **227** a) 5   b) $\frac{2}{3}$ c) – 3   d) 0   e) $-\frac{1}{2}$ **228** a) 3   b) $\frac{2}{3}$ c) $\frac{3}{2}$ d) $-\frac{2}{3}$ e) $\frac{1}{2}$ f) $-\frac{3}{5}$

229 (s) 2x – y + 5 = 0   **230** a) x – 3y – 14 = 0   b) 3x – y – 15 = 0

231 Se b = 0 ambas são verticais, logo são paralelas. Se b ≠ 0, elas têm o mesmo coeficiente angular, logo são paralelas

232 Resposta igual ao anterior

243 Determine a equação da reta que passa por P(– 5, 7) e é paralela:

a) Ao eixo das ordenadas

b) Ao eixo das abscissas

c) À bissetriz dos quadrantes ímpares

d) À bissetriz dos quadrantes pares

e) À reta (r) $5x - 9y - 2 = 0$

244 Determine a equação da reta que é paralela à reta (r) $2x - 3y - 7 = 0$ e determina com os eixos coordenados um triângulo de área 48.

245 Se as retas **r** e **s** são perpendiculares, dado o coeficiente angular de uma, determine o coeficiente angular da outra nos casos:

a) $m_r = \dfrac{5}{7}$ b) $m_r = -\dfrac{3}{2}$ c) $m_r = 5$ d) $m_s = \dfrac{1}{7}$ e) $m_s = 1$ f) $m_r = -2$

$m_s =$

246 Dada uma equação da reta **r**, sendo **s** uma reta perpendicular à **r**, determine o coeficiente angular de **s** nos casos:

a) (r) $y = \dfrac{2}{5}x - 7$

b) (r) $y = 5x + 6$

c) (r) $y = x + 4$

d) (r) $7x + 2y - 1 = 0$

e) (r) $\dfrac{x}{8} + \dfrac{y}{10} = 1$

f) (r) $\begin{cases} x = t + 4 \\ y = -2t + 6 \end{cases}$

247 Dada a reta (r) $3x - 5y - 1 = 0$ e o ponto P $(-3, 2)$, determine a equação da reta **s** que passa por **P** e é perpendicular à **r**.

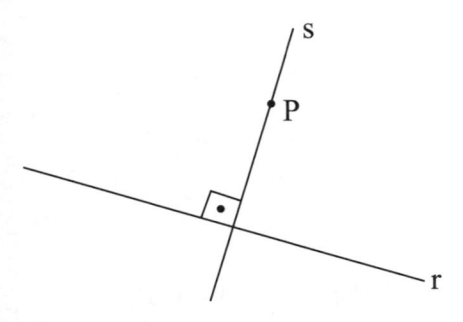

248 Determine a equação da reta que passa pelo ponto P e é perpendicular à reta **r** nos casos:

a) $P(-1, 4)$, (r) $y = m_s = \dfrac{1}{7}$

b) $P(5, -2)$, (r) $y = 2x + 1$

c) $P(-2, 7)$, (r) $2x - 6y - 3 = 0$

d) $P(4, -3)$, (r) $3x + y - 6 = 0$

249 Mostre que as retas (r) $ax + by + c = 0$ e (s) $bx - ay + c' = 0$ são perpendiculares.

Resp: **233** a) s b) -10 c) -5 d) 1 e) São paralelas **234** Exemplos: $6x + 8y + 9 = 0$, $6x + 8y - 11 = 0$, $3x + 4y - 37 = 0$ e $\dfrac{3}{2}x + 2y - \sqrt{3} = 0$ **235** (s) $5x - 2y + 19 = 0$ **236** a) $3x + 2y + 9 = 0$ b) $2x - 3y - 21 = 0$ **237** a) $2x - 7y = 0$ b) $x + 2y = 0$ c) $4x + 3y = 0$ **238** a) $y = 2x + 8$ b) $2x - 3y + 12 = 0$ c) $x + 3y - 3 = 0$ **239** $3x + 2y + 17 = 0$ **240** Exemplos: a) $3x + 10 = 0$, $x - 20 = 0$ e $x = 5$ b) $5y - 7 = 0$, $y - 10 = 0$ e $y = 30$ **241** a) $x - 3 = 0$ b) $x + 4 = 0$ c) $x - 6 = 0$ d) $x + 7 = 0$ **242** a) $y - 7 = 0$ b) $y - 9 = 0$ c) $y + 6 = 0$ d) $y + 3 = 0$

250 Mostre que as retas (r) ax + by + c = 0 e (s) kbx – kay + c'= 0, k ≠ 0, são perpendiculares.

251 Escreva as equações de quatro retas perpendiculares à reta (r) 4x – 6y – 11 = 0.

252 Mostre que se as retas (r) ax + by + c = 0 e (s) a'x + b'y + c'= 0 são perpendiculares, então aa'+ bb'= 0.

253 Se as retas (r) (k – 3) x – (8 – k) y + 2k – 1 = 0 e (s) (k + 1) x + (2k – 6) y + 3k = 0 são perpendiculares, determine suas equações.

254 Dadas as equações das retas **r** e **s**, dizer em cada caso se elas são perpendiculares

a) (r) $y = \frac{2}{3}x + 9$, (s) $y = \frac{4}{6}x - \frac{1}{9}$

b) (r) y = 5x + 6, (s) $y = -\frac{1}{5}x - 7$

c) (r) 2x + 3y – 5 = 0, (s) 3x – 2y – 5 = 0

d) (r) 6x – 4y – 1 = 0, (s) 8x + 12y – 3 = 0

e) (r) 12x – 9y + 7 = 0, (s) 3x – 4y – 2 = 0

255 Determinar a equação da reta que passa por P(3, – 4) e é perpendicular à reta (s) 3x – 5y – 2 = 0.

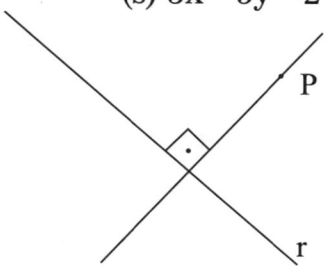

256 Determinar a equação da reta que passa por **P** e é perpendincular à reta **r** nos casos:
a) P(– 7, 2), (r) 3x – 6y – 1 = 0
b) P(3, – 5), (r) 4x + y – 7 = 0

257 Determinar a equação da reta que passa pela origem e é perpendicular à reta **r**, nos casos
a) (r) y = 6x + 8   b) (r) 5x – 8y + 5 = 0   c) (r) 3x + 12y – 4 = 0   d) (r) 8x – 6y – 3 = 0

258 Determinar a equação da reta que passa por P(– 3, – 2) e é perpendicular a (r) nos casos:
a) (r) y = 2x – 9
b) (r) $\dfrac{x}{4} + \dfrac{y}{-1} = 1$
c) (r) $\begin{cases} x = 3t - 2 \\ y = 2t + 1 \end{cases}$

Resp: **243** a) x + 5 = 0   b) y – 7 = 0   c) y = x + 12   d) y = – x + 2   e) 5x – 9y + 88 = 0
244 2x – 3y + 24 = 0 ou 2x – 3y – 24 = 0   **245** a) $-\dfrac{7}{5}$ b) $\dfrac{2}{3}$ c) $-\dfrac{1}{5}$ d) – 7   e) – 1   f) $\dfrac{1}{2}$
246 a) $-\dfrac{5}{2}$ b) $-\dfrac{1}{5}$ c) – 1   d) $\dfrac{2}{7}$ e) $\dfrac{4}{5}$ f) $\dfrac{1}{2}$ **247** 5x + 3y + 9 = 0   **248** a) y = $-\dfrac{7}{2}$x + $\dfrac{1}{2}$
b) y = $-\dfrac{1}{2}$x + $\dfrac{1}{2}$ c) 3x + y – 1 = 0   d) x – 3y – 13 = 0   **249** Se a = 0 ou b = 0, uma reta será horizontal e a outra vertical, sendo então perpendiculares. Se a ≠ 0 e b ≠ 0 então $m_r = -\dfrac{a}{b}$ e $m_s = \dfrac{b}{a}$ e, isto é **r** e **s** são perpendiculares.

259 Determine a equação da reta que passa por P(– 4, 5) e é perpendicular à reta AB dados A(– 1, 5) e B(5, 1).

260 Escreva as equações de duas retas perpendiculares à reta **r** nos casos:
a) (r) $5x - 7 = 0$
b) (r) $2y + 9 = 0$

261 Determine a equação da reta que passa por **P** e é perpendicular à reta **r** nos casos:
a) P(– 5, 3), (r) $x - 5 = 0$
b) P(3, – 2), (r) $y + 7 = 0$
c) P(6, 9), (r) $2x - 1 = 0$

d) P(0, – 5), (r) $x + 21 = 0$
e) P(– 1, – 9), (r) $y - 7 = 0$
f) P(5, 0), (r) $2y - 11 = 0$

262 Determine a equação da reta que passa por P(3, – 4) e é perpendicular:
a) Ao eixo das ordenadas
b) Ao eixo das abscissas

c) À bissetriz dos quadrantes ímpares
d) À bissetriz dos quadrantes pares

263 Resolver:
a) Dados os pontos A(– 6, – 3) e B(2, – 1), determine a equação da reta perpendicular à reta AB, pelo ponto B.

b) Dados os pontos A(– 3, 4) e B(7, – 2), determine a equação da reta perpendicular à reta AB, pelo ponto médio de AB.

264 Determine a equação da mediatriz do segmento AB, dados A(7, 3) e B(– 1, – 9).

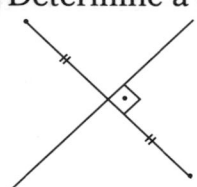

265 Determine a equação da reta que contém a altura relativa ao vértice A de um triângulo ABC, dados A(– 1, 9), B(– 5, – 3) e C(4, 3).

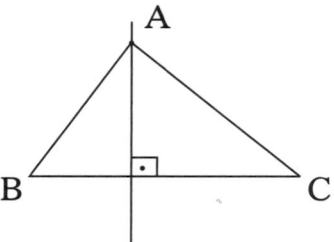

266 Determine a equação da reta que é perpendicular à reta (r) $10x - 15y - 7 = 0$ e determina com os eixos coordenados um triângulo de área 12.

Resp: **250** Resposta igual a do anterior **251** Exemplos: $6x + 4y - 3 = 0$, $6x + 4y + 111 = 0$, $3x + 2y = 0$ e $3x + 2y - 9 = 0$ (Noteque elas são paralelas entre si) **252** Se uma é vertical e outra horizontal, sendo então perpendiculares, obtemos a = 0 e b'= 0 ou a' = 0 e b = 0, donde aa'+ bb'= 0. Se as retas são oblíquas aos eixos faça $m_r \cdot m_s = -1$

253 (r) $2x - 3y + 9 = 0$ e (s) $6x + 4y + 15 = 0$ ou (r) $y - 1 = 0$ e (s) $4x - 9 = 0$ **254** a) Não b) Sim c) Sim d) Sim e) Não   **255** $5x + 3y - 3 = 0$ **256** a) $2x + y + 12$ b) $x - 4y - 23 = 0$

257 a) $y = -\frac{1}{6}x$ b) $8x + 5y = 0$ c) $4x - y = 0$ d) $3x + 4y = 0$ **258** a) $y = -\frac{1}{2}x - \frac{7}{2}$ b) $4x + y + 14 = 0$ c) $3x + 2y + 13 = 0$

267 As retas (r) $(k-1)x - ky - 4 = 0$ e (s) $(k+1)x - 2ky + 1 = 0$ são paralelas. Determine a equação da reta que passa por P(– 7, 6) e é perpendicular à reta **r**.

16) Posições relativas entre duas retas

Sejam **r** e **s** duas retas com equações gerais

(r) $ax + by + c = 0$ e   (s) $a'x + b'y + c' = 0$

Quanto à intersecção entre essas retas, temos três casos:

I) r e s são correntes

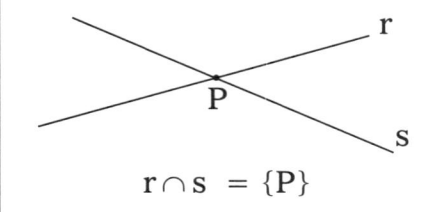

$r \cap s = \{P\}$

Existe um único ponto que pertence a ambas.

Existe um único ponto P cujas coordenadas x_P e y_P satisfazem as equações **r** e **s**, simultaneamente.

Podemos então afirmar que o sistema

$$\begin{cases} ax + by + c = 0 \\ a'x + b'y + c' = 0 \end{cases}$$ **é possível determinado**

Para que esse sistema seja possível determinado devemos ter:

$$\begin{vmatrix} a & b \\ a' & b' \end{vmatrix} \neq 0 \Rightarrow ab' - a'b \neq 0$$

Quando os coeficientes em questão forem diferentes de zero, podemos escrever:

$$\frac{a}{a'} \neq \frac{b}{b'}$$

II) r e s são coincidentes

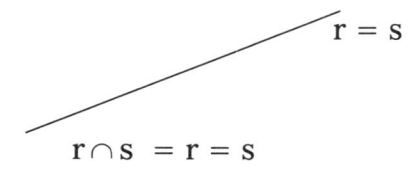

$r \cap s = r = s$

As retas têm infinitos pontos em comum. Todos os pares ordenados que satisfazem uma das equações satisfazem também a outra. As equações dessas retas são, então, equivalentes.

Podemos então afirmar que o sistema

$$\begin{cases} ax + by + c = 0 \\ a'x + b'y + c' = 0 \end{cases}$$ **é possível indeterminado**

Para que esse sistema seja possível indeterminado, ou para que essas equações sejam equivalentes devemos ter:

$$\begin{vmatrix} a & b \\ a' & b' \end{vmatrix} = 0 \text{ e } \begin{vmatrix} -c & b \\ -c' & b' \end{vmatrix} = 0 \text{ ou } \begin{vmatrix} a & -c \\ a' & -c' \end{vmatrix} = 0. \text{ Então}$$

$$ab' - a'b = 0 \text{ e } bc' - b'c = 0 \text{ ou } ac' - a'c = 0$$

Quando os coeficientes forem diferentes de zero, podemos escrever:

$$\frac{a}{a'} = \frac{b}{b'} \text{ e } \frac{b}{b'} = \frac{c}{c'} \text{ ou } \frac{a}{a'} = \frac{c}{c'}. \text{ Isto é: } \frac{a}{a'} = \frac{b}{b'} = \frac{c}{c'}$$

III) **r e s são paralelas distintas**

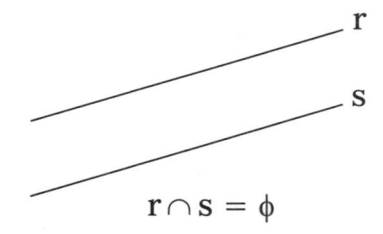

$r \cap s = \phi$

As retas **r** e **s** não têm ponto em comum.
Não há par ordenado que satisfaz a equação de **r** e também a equação de **s**.
Podemos então afirmar que o sistema

$$\begin{cases} ax + by + c = 0 \\ a'x + b'y + c' = 0 \end{cases} \text{ é possível determinado}$$

Para que esse sistema seja impossível devemos ter:

$$\begin{vmatrix} a & b \\ a' & b' \end{vmatrix} = 0 \text{ e } \begin{vmatrix} -c & b \\ -c' & b' \end{vmatrix} \neq 0 \text{ ou } \begin{vmatrix} a & -c \\ a' & -c' \end{vmatrix} \neq 0. \text{ Então:}$$

$$ab' - a'b = 0 \text{ e } bc' - b'c \neq 0 \text{ ou } ac' - a'c \neq 0$$

Quando os coeficientes forem diferentes de zero, podemos escrever:

$$\frac{a}{a'} = \frac{b}{b'} \text{ e } \frac{b}{b'} \neq \frac{c}{c'} \text{ ou } \frac{a}{a'} = \frac{c}{c'}. \text{ Isto é: } \frac{a}{a'} = \frac{b}{b'} \neq \frac{c}{c'}$$

Então, a respeito da posição relativa entre as retas (r) $ax + by + c = 0$ e (s) $a'x + b'y + c' = 0$, com $a'b'c' \neq 0$, podemos escrever:

r e s são concorrentes	$\Leftrightarrow$	$\frac{a}{a'} \neq \frac{b}{b'}$
r = s (são coincidentes)	$\Leftrightarrow$	$\frac{a}{a'} = \frac{b}{b'} = \frac{c}{c'}$
r e s são paralelas distintas	$\Leftrightarrow$	$\frac{a}{a'} = \frac{b}{b'} \neq \frac{c}{c'}$

Exemplo: Determine a posição relativa entre as retas **r** e **s** nos casos:
a) (r) $2x - 6 = 0$ (s) $x + 4 = 0$
Como são ambos verticais e distintas, elas são paralelas distintas
b) (r) $3x - 7 = 0$ e (s) $2y - 5 = 0$
Como uma é vertical e outra é horizontal, elas são concorrentes
c) (r) $3y - 6 = 0$ e (s) $y - 2 = 0$
como são horizontais e coincidentes, elas são coincidentes
d) (r) $2x - 5 = 0$ e (s) $3x - 5y = 0$
Como uma é vertical e a outra é oblíqua aos eixos, elas são concorrentes

Resp: **259** $3x - 2y + 22 = 0$ **260** Exemplo: a) $2y + 21 = 0$, $y - 5 = 0$ b) $x - 7 = 0$, $3x - 8 = 0$ **261** a) $y - 3 = 0$
b) $x - 3 = 0$ c) $y - 9 = 0$ d) $y + 5 = 0$ e) $x + 1 = 0$ f) $x - 5 = 0$ **262** a) $x - y - 7 = 0$
b) $x - 3 = 0$ c) $x + y + 1 = 0$ **263** a) $4x + y - 7 = 0$ b) $5x - 3y - 7 = 0$ **264** $2x + 3y + 3 = 0$
265 $3x + 2y - 15 = 0$ **266** $3x + 2y \pm 12 = 0$

e) (r) $2x - 3y - 1 = 0$ e (s) $4x - 9y - 7 = 0$

$\dfrac{2}{4} \neq \dfrac{-3}{-9}$ ⇒ r e s são concorrentes

f) (r) $3x - 2y - 5 = 0$ e (s) $6x - 4y - 10 = 0$

$\dfrac{3}{6} = \dfrac{-2}{-4} = \dfrac{-5}{-10}$ ⇒ r e s são coincidentes

g) (r) $4x - 10y - 5 = 0$ e (s) $6x - 15y + 2 = 0$

$\dfrac{4}{6} = \dfrac{-10}{-15} \neq \dfrac{-5}{2}$ ⇒ r e s são paralelas distintas

Exemplo: Determine a intersecção das retas (r) $x - 2y - 5 = 0$ e (s) $3x + 2y - 7 = 0$
Basta resolver o sistema

$\begin{cases} x - 2y - 5 = 0 \\ 3x + 2y - 7 = 0 \end{cases}$ ⇒ $4x - 12 = 0$ ⇒ $\boxed{x = 3}$ ⇒ $3 - 2y - 5 = 0$ ⇒ $\boxed{y = -1}$

Então: r ∩ s = {(3, −1)}

Exemplo: Determine **k** de modo que as retas (r) $2x - 3y - 5 = 0$ e (s) $4x + ky - 7 = 0$ sejam concorrentes

$\begin{vmatrix} 2 & -3 \\ 4 & k \end{vmatrix} \neq 0$ ⇒ $2k + 12 \neq 0$ ⇒ $\boxed{k \neq -6}$

Exemplo: Determine **m** e **n** de modo que as retas (r) $4x - 6y + 1 = 0$ e (s) $6x + my + n = 0$ sejam parlelas distintas

$\dfrac{6}{4} = \dfrac{m}{-6} \neq \dfrac{n}{1}$ ⇒ $\dfrac{m}{-6} = \dfrac{6}{4}$ e $\dfrac{n}{1} \neq \dfrac{6}{4}$ ⇒ $\boxed{m = -9 \text{ e } n \neq \dfrac{3}{2}}$

Exemplo: Discutir a posição relativa entre as retas **r** e **s**, nos casos:

a) (r) $nx + (n + 2)y - n + 3 = 0$
   (s) $(n + 2)x + (n + 5)y - 2n + 10 = 0$

1) $D = \begin{vmatrix} n & n+2 \\ n+2 & n+5 \end{vmatrix}$

2) $D \neq 0$ ⇒ $\dfrac{n}{n+2} \neq \dfrac{n+2}{n+5}$ ⇒ $n^2 + 5n \neq n^2 + 4n + 4$ ⇒ $n \neq 4$ ⇒ $\boxed{n \neq 4 \Rightarrow \textbf{r e s são concorrentes}}$

3) $n = 4$ ⇒ (r) $4x + 6y - 1 = 0$ e (s) $6x + 9y + 2 = 0$

Como $\dfrac{4}{6} = \dfrac{6}{9} \neq -\dfrac{1}{2}$, obtemos: $\boxed{n = 4 \Rightarrow \textbf{r e s são paralelas distintas}}$

---

b) (r) $(n + 2)x - (2n + 6)y + 6n + 2 = 0$
   (s) $(2n - 2)x - (4n - 3)y + 9 - n = 0$

1) $D = \begin{vmatrix} n+2 & -(2n+6) \\ 2n-2 & -(4n-3) \end{vmatrix}$

2) $D \neq 0$ ⇒ $\dfrac{n+2}{2n-2} \neq \dfrac{2n+6}{4n-3}$ ⇒ $4n^2 + 8n - 12 \neq 4n^2 + 5n - 6$ ⇒ $\boxed{n \neq 2}$ ⇒ $\boxed{n \neq 2 \Rightarrow \textbf{r e s são concorrentes}}$

3) $\boxed{n = 2}$ ⇒ (r) $4x - 10y + 14 = 0$ e (s) $2x - 5y + 7 = 0$

Como $\dfrac{4}{2} = \dfrac{-10}{-5} = \dfrac{14}{7}$, obtemos: $\boxed{n = 2 \Rightarrow \textbf{r e s são coincidentes}}$

c) (r) $(2n+2)x - (n+9)y - 2n + 2 = 0$
   (s) $(2n+6)x - (3n+9)y - p + 2 = 0$

1) $D = \begin{vmatrix} 2n+2 & -(n+9) \\ 2n+6 & -(3n+9) \end{vmatrix} \neq 0 \Rightarrow -(2n+2)(3n+9) + (2n+6)(n+9) \neq 0$

$\Rightarrow (n+1)(3n+9) - (n+3)(n+9) \neq 0 \Rightarrow$

$\Rightarrow 3n^2 + 12n + 9 - n^2 - 12n - 27 \neq 0 \Rightarrow 2n^2 \neq 18 \Rightarrow n^2 \neq 9 \Rightarrow \boxed{n \neq \pm 3}$

$\Rightarrow \boxed{n \neq -3 \text{ e } n \neq 3} \Rightarrow$ r e s são concorrentes

2) $n = 3 \Rightarrow$ (r) $8x - 12y - 4 = 0$ e (s) $12x - 18y - p + 2 = 0$

Como $\dfrac{8}{12} = \dfrac{-12}{-18} = \dfrac{2}{3}$, obtemos:

$\dfrac{-4}{-p+2} = \dfrac{2}{3} \Rightarrow -12 = -2p + 4 \Rightarrow \boxed{p = 8} \Rightarrow$ r e s são coincidentes

$\dfrac{-4}{-p+2} \neq \dfrac{2}{3} \Rightarrow -12 \neq -2p + 4 \Rightarrow \boxed{p \neq 8} \Rightarrow$ r e s são paralelas distintas

3) $\boxed{n = -3} \Rightarrow$ (r) $-4x - 6y + 8 = 0$ e (s) $0x - 0y + 5 = 0$

$n = -3 \Rightarrow$ não existe a resta (s)

Resposta: Para $n \neq \pm 3$, as retas são concorrentes, para $n = 3$ e $p = 8$ as retas são coincidentes, para $n = 3$ e $p \neq 8$ as retas são paralelas distintas e para $n = -3$, não existe a reta s.

17) Feixe de retas paralelas

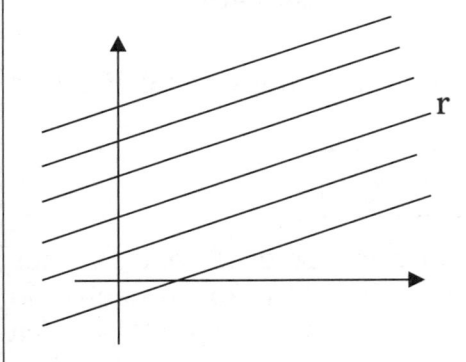

Dada uma reta r, o conjuto de todas as retas paralelas a **r** é chamado feixe de retas paralelas a **r**.

Se a equação de **r** for $ax + by + c = 0$, sabemos que qualquer reta cuja equação for $ax + by + k = 0$ será paralela (paralela distinta ou coincidente) a **r**, pois o sistema

$$\begin{cases} ax + by + c = 0 \\ ax + by + k = 0 \end{cases}$$

será possível indeteminado quando $k = c$ e as retas serão coincidentes. E o sistema será impossível quando $k \neq C$ e as retas serão paralelas distintas.

Então, dada a reta **r** de equação $ax + by + c = 0$, a equação

$$\boxed{ax + by + k = 0, \ k \in \mathbb{R}}$$ é chamada equação do feixe de retas paralelas à reta **r**

Exemplo: Escrever a equação de um feixe de retas paralelas, todas paralelas a (r) $3x - 2y - 7 = 0$
A equação desse feixe é $3x - 2y + k = 0$, $k \in \mathbb{R}$

Resp: **267** $y - 6 = 0$ ou $3x + 2y + 9 = 0$

18) Feixe de retas concorrentes

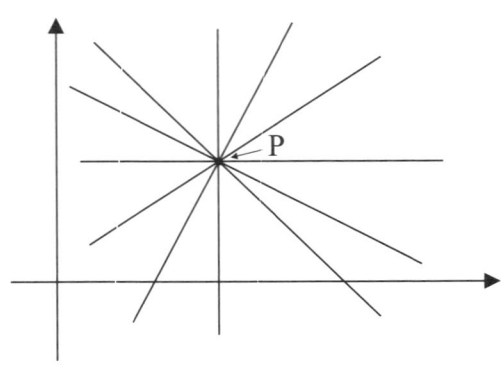

Dado um ponto P, o conjunto de todas as retas concorrentes em **P**, é chamado **feixe de retas concorrentes em P ou feixe de retas concorrentes** de centro P.

Se as retas (r) $ax + by + c = 0$ e (s) $a'x + b'y + c' = 0$ são concorrentes em um ponto P, qualquer reta cuja equação é $\alpha(ax + by + c) + \beta(a'x + b'y + c') = 0$, $\alpha, \beta \in R$ passa também pelo ponto P. De fato, como $P \in r$ e $P \in s$, temos:

$$\begin{cases} \alpha(ax_p + by_p + c) = 0 \\ \beta(a'x_p + b'y_p + c') = 0 \end{cases}$$

Somando membro a membro obtemos:
$\alpha(ax_p + by_p + c) + \beta(a'x_p + b'y_p + c') = 0$, donde concluímos que (x_p, y_p) satisfaz a equação $\alpha(ax + by + c) + \beta(a'x + b'y + c') = 0$, isto é, esse equação é de uma reta que passa por **P**.

Prova-se também que qualquer reta (t) $a''x + b''y + c'' = 0$ que passa por **P** pode ser obtida quando são escolhidos valores convenientes de α e β na equação

$$\alpha(ax + by + c) + \beta(a'x + b'y + c') = 0$$

Desta forma, se (r) $ax + by + c = 0$ e (s) $a'x + b'y + c' = 0$ são retas concorrentes em um ponto **P**, a equação

$$\boxed{\alpha(ax + by + c) + \beta(a'x + b'y + c') = 0, \alpha, \beta \in R}$$

é chamada equação de um feixe de retas concorrentes em **P** ou de centro **P**.

Obs: 1) Quando $\alpha = 0$, a reta de feixe que obtemos é s e quando $\beta = 0$, a reta do feixe que obtemos é **r**.

2) Se $\alpha \neq 0$, dividindo a equação por α, obtemos:

$(ax + by + c) + \dfrac{\beta}{\alpha}(a'x + b'y + c') = 0$. Fazendo $\dfrac{\beta}{\alpha} = \lambda$ podemos escrever:

$(ax + by + c) + \lambda(a'x + b'y + c') = 0$, $\lambda \in R$.

Esta última equação também fornece infinitas equações de retas todas concorrentes em P. Somente não conseguimos obter a reta **s**. Mesmo assim, costumamos chamá-la também de equação do feixe de concorrentes de centro **P**.

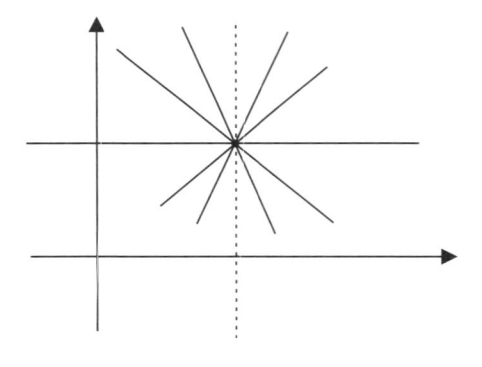

3) Como a equação da reta que passa pelo ponto P e tem coeficiente angular **m** é dada por

$$\boxed{y - y_p = m(x - x_p),}$$

quando vamos substituindo m por números reais, vamos obtendo retas, todas concorrentes em P. Então essa equação fornece infinitas equações de retas que passam por **P**. A única reta que não obtemos, dessa forma, é a reta de equação $x - x_p = 0$, que como é vertical, não tem coeficiente angular. Então podemos escrever a equação de um feixe de retas concorrentes de centro P, do seguinte modo:

$$\boxed{y - y_p = m(x - x_p) \text{ ou } x - x_p = 0, m \in R}$$

Exemplo: Determine o centro P do feixe de retas concorrentes cuja equação é $\alpha(x - y - 7) + \beta(2x + y + 1) = 0$.

Basta acharmos a intersecção de duas retas distintas quaisquer desse feixe.

$\begin{cases} \alpha = 0 \Rightarrow (s)\ 2x + y + 1 = 0 \\ \beta = 0 \Rightarrow (r)\ x - 7 = 0 \end{cases}$ $\Rightarrow \boxed{x = 2} \Rightarrow 2 - y - 7 = 0 \Rightarrow \boxed{y = -5}$

Então, P(2, −5) é o centro desse feixe

Outra maneira de acharmos o centro P é escolhermos valores de α e β que nos permite, em cada caso, acharmos os valores de **x** e **y**:

1º) $\alpha = 1$ e $\beta = 1 \Rightarrow x - y - 7 + 2x + y + 1 = 0 \Rightarrow 3x = 6 \Rightarrow \boxed{x = 2}$

2º) $a = -2$ e $b = 1 \Rightarrow -2x + 2y + 14 + 2x + y + 1 = 0 \Rightarrow 3y = -15 \Rightarrow \boxed{y = -5}$

Então: P(2, –5)

19) Área de um triângulo

Vamos deduzir uma fórmula para o cálculo da área de um triângulo ABC em função das coordenadas dos vértices A, B e C.

Sendo S a área do triângulo ABC, S_1 a área do trapézio ACC'A', S_2 a área do trapézio ABB'A' e S_3 a área do trapézio BCC'B', note que

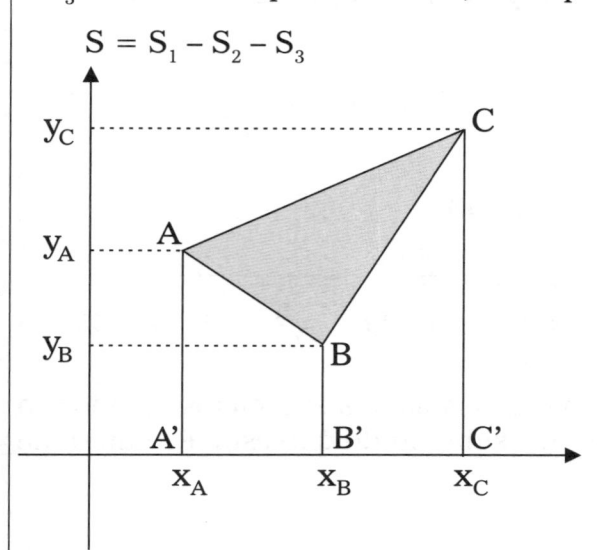

$S = S_1 - S_2 - S_3$

Como:

$$S_1 = \frac{(y_A + y_C)(x_C - x_A)}{2}$$

$$S_2 = \frac{(y_A + y_B)(x_B - x_A)}{2}$$

$$S_3 = \frac{(y_B + y_C)(x_C - x_B)}{2}, \text{ temos:}$$

$$S = \frac{1}{2}[(y_A + y_C)(x_C - x_A) - (y_A + y_B)(x_B - x_A) - (y_B + y_C)(x_C - x_B)]$$

$$S = \frac{1}{2}[x_C y_A + x_C y_C - x_A y_A - x_A y_C - x_B y_A - x_B y_B + x_A y_A + x_A y_B - x_C y_B - x_C y_C + x_B y_B + x_B y_C]$$

$$S = \frac{1}{2}[x_C y_A - x_A y_C - x_B y_A + x_A y_B - x_C y_B + x_B y_C]$$

$$S = \frac{1}{2}[x_A y_B - x_A y_C - x_B y_A + x_B y_C + x_C y_A - x_C y_B]$$

$$S = \frac{1}{2}[x_A(y_B - y_C) - x_B(y_A - y_C) + x_C(y_A - y_B)]$$

Como

$$\begin{vmatrix} x_A & y_A & 1 \\ x_B & y_B & 1 \\ x_C & y_C & 1 \end{vmatrix} = x_A(y_B - y_C) - x_B(y_A - y_C) + x_C(y_A - y_B),$$

podemos afirmar que

$$S = \frac{1}{2}\begin{vmatrix} x_A & y_A & 1 \\ x_B & y_B & 1 \\ x_C & y_C & 1 \end{vmatrix}$$

Como a área do triângulo é sempre expressa por um número positivo e a troca da posição das coordenadas de dois pontos acarreta em uma mudança do sinal do determinante, para não nos preocuparmos com a ordem da colocação dos vértices, basta tomarmos o módulo do determinante.
Então:

$$S = \frac{1}{2} \left| \begin{vmatrix} x_A & y_A & 1 \\ x_B & y_B & 1 \\ x_C & y_C & 1 \end{vmatrix} \right|$$

Ao acharmos as áreas dos trapézios envolvidos nesta dedução tomamos o devido cuidado para que as diferenças das abscissas (as alturas dos trapézios) fossem sempre positivas. Desde que se tome o cuidado para que as bases e alturas dos trapézios envolvidos sejam sempre positivos, qualquer que seja o quadrante em que estejam os vértices, a fórmula será sempre a obtida.

Exemplo: Determine a área do triângulo ABC dados A(– 3, 2), B(1, 4) 3 C(3, – 2)

$$S = \frac{1}{2} \left| \begin{vmatrix} x_A & y_A & 1 \\ x_B & y_B & 1 \\ x_C & y_C & 1 \end{vmatrix} \right| \Rightarrow S = \frac{1}{2} \left| \begin{vmatrix} -3 & 2 & 1 \\ 1 & 4 & 1 \\ 3 & -2 & 1 \end{vmatrix} \right| = \frac{1}{2} |-12 + 6 - 2 - 12 - 2 - 6| \Rightarrow$$

$$S = \frac{1}{2} |-28| \Rightarrow S = \frac{1}{2}(28) \Rightarrow S = 14$$

Resposta: 14 u. a.

Exemplo: Determine **k** de modo que área do triângulo ABC, com A(4, – 3), B(– 1, – 2) e C(2, k) seja 14 u. a.

Obs: A vezes quando não aparecer no enunciado ou nas respostas dos exercícios, quando o problema der ou pedir área, a unidade de área (u.a.), fica subtendido que esta é a unidade em questão.

$$\frac{1}{2}|D| = 14 \Rightarrow \frac{1}{2} \left| \begin{vmatrix} 4 & -3 & 1 \\ -1 & -2 & 1 \\ 2 & k & 1 \end{vmatrix} \right| = 14 \Rightarrow |-8 - 6 - k + 4 - 4k - 3| = 28 \Rightarrow$$

$$\Rightarrow |-5k - 13| = 28 \Rightarrow |5k + 13| = 28 \Rightarrow 5k + 13 = \pm 28 \Rightarrow$$

$$5k + 13 = 28 \text{ ou } 5k + 13 = -28 \Rightarrow k = 3 \text{ ou } k = -\frac{41}{5}$$

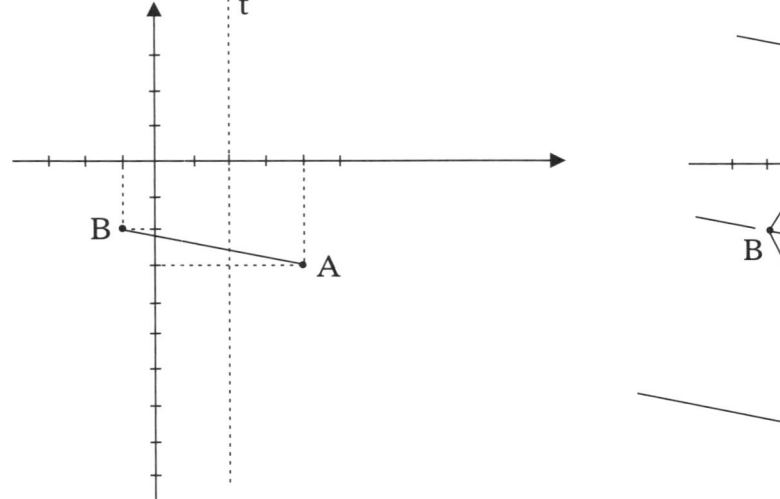

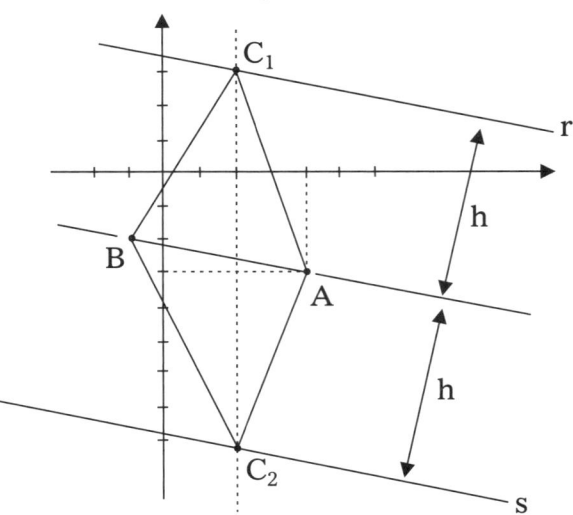

Obs: Significado dos dois valores de k: Note que o vértice **C** pertence à reta vertical **t** que passa por (2, 0), (reta de equação x – 2 = 0). Sendo **h**, a altura do triângulo ABC, relativa ao vértice **C**, como há duas retas, r e s, paralelas à reta AB, distando **h** desta, a reta t encontrará r e s nos pontos C_1 e C_2.

268 Determine a intersecção das retas **r** e **s** nos casos:

a) (r) x + 3y – 1 = 0, (s) x – 3y – 7 = 0

b) (r) 2x – y – 2 = 0, (s) x + y – 4 = 0

c) (r) y = 2x – 8, (s) y = 1 – x

d) (r) $\dfrac{x}{2} + \dfrac{y}{2} = 1$ (s) $\begin{cases} x = -2t + 8 \\ y = t - 1 \end{cases}$

---

269 Determine a intersecção das retas **r** e **s** nos casos:

a) (r) 2x – y – 3 = 0, (s) y = 2x + 5

b) (r) y = 3x – 2, (s) 6x – 2y – 4 = 0

---

270 Dizer qual é a posição relativa entre as retas **r** e **s** nos casos:

a)   (r) 2x – 6 – 1 = 0
      (s) 4x + 12y + 5 = 0

b)   (r) 2x + 3y – 5 = 0
      (s) 4x + 6y – 10 = 0

c)   (r) 2x + 3y – 5 = 0
      (s) 4x + 6y + 10 = 0

d)   (r) 4x – 8y – 5 = 0
      (s) 6x – 12y = 0

e)   (r) 4x – 8y – 7 = 0
      (s) 5x + 10y – 1 = 0

f)   (r) 4x – 8y – 8 = 0
      (s) x – 2y – 2 = 0

g)   (r) 3x – 4y + 2 = 0
      (s) 6x – 8y + 2 = 0

271 Dizer qual é a posição relativa entre as retas **r** e **s** nos casos:

a) (r) 2x – 7 = 0
   (s) 2x – 3y = 0

b) (r) 3x – 4 = 0
   (s) 4x – 9 = 0

c) (r) 3y – 9 = 0
   (s) 2x + 3y – 9 = 0

d) (r) 5y – 9 = 0
   (s) 3y + 9 = 0

e) (r) x – y = 0
   (s) 3x – 2 = 0

f) (r) 6x – 5 = 0
   (s) 7y – 2 = 0

g) (r) x + y = 0
   (s) 3y – 9 = 0

h) (r) 2x – 6 = 0
   (s) x – 3 = 0

272 Determine a intersecção da reta (r) 2x + y – 9 = 0 com a bissetriz dos quadrantes:
a) Pares
b) Ímpares

273 Determine k de modo que as retas **r** e **s** sejam concorrentes nos casos:
a) (r) 2x + 3y + 7 = 0 e (s) 4x – ky – 1 = 0

b) (r) (k – 1)x + (2k – 3)y – 2 = 0 e (s) (k + 1)x + (k + 3)y – 7 = 0

274 Determine k e n de modo que as retas **r** e **s** sejam coincidentes nos casos:
a) (r) 2x – 3y – 1 = 0
   (s) 4x – ky – n = 0

b) (r) 4x – ky – 8 = 0
   (s) 6x – 9y – n = 0

275 Determine **k** e **n** de modo que as retas **r** e **s** sejam paralelas distintas nos casos:
a) (r) $2x - 6y - 7 = 0$
   (s) $kx - 12y + n = 0$
b) (r) $kx - 4y - 8 = 0$
   (s) $9x + 6y - n = 0$

276 Determine **n** de modo que as retas **r** e **s** sejam concorrentes, nos casos:
a) (r) $2x - 5 = 0$
   (s) $7x - ny - 1 = 0$
b) (r) $ny - 2 = 0$
   (s) $3x - 5y = 0$

277 Determine **n** de modo que as retas **r** e **s** sejam paralelas.
a) (r) $2x - 3 = 0$
   (s) $3x + ny - 5 = 0$
b) (r) $nx - 6y - 9 = 0$
   (s) $4y + 6 = 0$

278 Discutir, segundo o parâmetro **n**, a posição relativa entre as retas **r** e **s** nos casos:
a) (r) $(n-3)x - (n+1)y - 3 = 0$
   (s) $(n-1)x - (n+7)y - 5 = 0$

b) (r) $(n+2)x - ny - n + 2 = 0$
   (s) $(n+6)x - (n+3)y - n = 0$

Resp: **268** a) $\{(4, -1)\}$ b) $\{(2, 2)\}$, c) $\{(3, -2)\}$, d) $\{(-2, 4)\}$ **269** a) $r \cap s = \emptyset$ b) $r \cap s = r = s$
270 a) concorrentes   b) coincidentes   c) paralelas distintas
d) paralelas distintas   e) concorrentes   f) coincidentes   g) paralelas distintas

279 Discutir a posição relativa entre as retas **r** e **s** nos casos

a) (r) $(n-2)x - (n-1)y - n = 0$
   (s) $(n-1)x - (2n-2)y - n - 3 = 0$

b) (r) $(n-1)x - ny - n - 2 = 0$
   (s) $(n+1)x - 3(n-1)y - n = 0$

c) (r) $nx - (n+1)y - 1 = 0$
   (s) $2nx - (n+3)y - n - 1 = 0$

280 Discutir a posição relativa das retas **r** e **s** nos casos:

a)   (r) $(n + 2)x - (n - 1)y - n + 4 = 0$
       (s) $(2n - 2)x - (n + 1)y - p - 1 = 0$

b)   (r) $(n + 1)x - (n - 2)y - p + 2 = 0$
       (s) $(2n + 2)x - ny - p - 1 = 0$

Resp: **271** a) Concorrentes   b) Paralelas distintas   c) Concorrentes   d) Paralelas distintas   e) concorrentes
            f) Concorrentes   g) Concorrentes   h) coincidentes   **272** a) $\{(9, -9)\}$ b) $\{(3, 3)\}$
       273 a) $k \neq -6 \; 6$ b) $k \neq 0$ e $k \neq 3$ **274** a) $k = 6, n = 2$ b) $k = 6, n = 12$
       275 a) $k = 4$ e $n \neq -14$ b) $k = -6$ e $n \neq -12$ **276** a) $n \neq 0$ b) $n \neq 0$
       277 a) $n = 0$ b) $n = 0$ (coincidentes)   **278** a) $n \neq 5 \Rightarrow$ r e s são concorrentes, $n = 5 \Rightarrow$ r e s são paralelas
            distintas.   b) $n \neq 6 \Rightarrow$ r e s são concorrentes, $n = 6 \Rightarrow$ r e s são coincidentes.

281 Determine a equação do feixe de retas paralelas à reta (r) 2x – 3y – 5 = 0.

282 Dada a equação 5x – 2y + k = 0, k ∈ R, de um feixe de retas paralelas, determine a equação da reta desse feixe que:
a) Passa por P(5, – 6)

b) Passa pela origem do sistema.

c) Determina com os eixos um triângulo de área 5.

d) Passa pelo ponto de intersecção das retas (r) x + 2y – 1 = 0 e (s) x – y – 7 = 0.

283 Determine a equação do feixe de retas, nos casos:
a) Paralelas ao eixo das abscissas
b) Paralelas ao eixo dar ordenadas

c) Paralelas à reta (r) y = 7x – 9
d) Paralelas à reta (r) y = – 6x + 13

e) Perpendiculares à reta (r) $y = \frac{5}{1}x - 7$
f) Perpendicular à reta (r) y = x + 9

g) Paralela à reta AB dados A(– 5, 7) e B(3, – 5).
h) Perpendiculares à reta AB dados A(– 1, 7) e B(5, 3).

284 Determinar a equação
a) Da bissetriz dos quadrantes ímpares.
b) Da bissetriz dos quadrantes pares.

c) Do feixe de retas paralelas à bissetriz dos quadrantes ímpares.

d) Do feixe de retas paralelas à bissetriz dos quadrantes pares.

285 Determine a equação do feixe das retas que são perpendiculares às retas do feixe de paralelas de equação $7x - 5y + k = 0$, $k \in \mathbb{R}$.

286 Quais das retas r, s e t pertencem ao feixe $3x + 2y + k = 0$, $k \in \mathbb{R}$?

(r) $y = \dfrac{3}{2}x + 7$
(s) $\dfrac{x}{4} + \dfrac{y}{6} = 1$
(t) $\begin{cases} x = -2t - 1 \\ y = -3t + 4 \end{cases}$

287 Dadas a equação $\alpha(2x - 3y - 1) + \beta(x + y - 13) = 0$, com α e β reais, de um feixe de retas concorrentes, determine o seu centro.

288 Dadas as retas (r) $4x - y - 1 = 0$ e (s) $2x + y + 13 = 0$, determine a equação do feixe de retas concorrentes à qual ambas pertencem e determine o centro desse feixe.

Resp: **279** a) $n \neq 1$ e $n \neq 3$ ⇒ r e s são concorrentes, $n = 3$ ⇒ r e s são coincidentes, $n = 1$ ⇒ não existe s

b) $n \neq \dfrac{1}{2}$ e $n \neq 3$ ⇒ r e s são concorrentes, $n = \dfrac{1}{2}$ ou $n = 3$ ⇒ r e s são paralelas distintas

c) $n \neq 0$ e $n \neq 1$ ⇒ r e s são concorrentes, $n = 0$ ⇒ r e s são paralelas distintas e $n = 1$ ⇒ r e s são coincidentes.

280 a) $n \neq 0$ e $n \neq 7$ ⇒ r e s são concorrentes; $n = 0$ e $p = 3$ ou $n = 7$ e $p = 3$ ⇒ r e s são coincidentes; $n = 0$ e $p \neq 3$ ou $n = 7$ e $p \neq 3$ ⇒ r e s são paralelas distintas

b) $n \neq -1$ e $n \neq 4$ ⇒ r e s são concorrentes; $n = -1$ e $p = \dfrac{-5}{2}$ ou $n = 4$ e $p = 5$ ⇒ r e s são coincidentes; $n = -1$ e $p \neq \dfrac{-5}{2}$ ou $n = 4$ e $p \neq 5$ ⇒ r e s são paralelas distintas

289. Dada a equação $\alpha(3x - y + 1) + \beta(x - 2y - 9) = 0$, de um feixe de retas concorrentes, determine a reta desse feixe para

a) $\alpha = 3$ e $\beta = -2$

b) $\alpha = 1$ e $\beta = -5$

c) $\alpha = -1$ e $\beta = -2$

---

290. Dada a equação de um feixe de retas concorrentes
$\alpha(2x - 3y - 2) + \beta(x + y - 6) = 0$, determine as retas desse feixe nos casos:

a) $\alpha = 0, \beta = 1 \Rightarrow$

b) $\alpha = 1, \beta = 0 \Rightarrow$

c) $\alpha = 7, \beta = 0 \Rightarrow$

d) $\alpha = 3, \beta = -1 \Rightarrow$

e) $\alpha = 1, \beta = -2 \Rightarrow$

f) $\alpha = 1, \beta = 3 \Rightarrow$

g) $\alpha = -1, \beta = 2 \Rightarrow$

---

291. A equação $(3x - 2y - 1) + \alpha(x + y - 2) = 0$, com $\alpha \in \mathbb{R}$, determina um feixe de retas concorrentes. Determine a única reta desse feixe que essa equação não fornece.

---

292. Dada a equação $(x - y - 2) + \alpha(x + y - 6) = 0$, que determina um feixe de retas concorrentes, determine:

a) O centro desse feixe

b) A reta vertical desse feixe

c) A reta horizontal desse feixe

d) A reta desse feixe que passa pela origem do sistema.

e) A reta desse feixe que não se obtém para nenhum α.

f) A reta desse feixe que é perpendicular à reta (r) $3x - 5y - 7 = 0$.

293 Determine a equação da reta comum aos feixes de equações
$\alpha_1(2x + y - 7) + \beta_1(x - y + 1)$ e $\alpha_2(x + y - 9) + \beta_2(x - y - 1) = 0$

294 Determine a equação da reta comum aos feixes de equações
$\alpha(x - 2y - 5) + \beta(3x + 2y - 7) = 0$ e $3x - 4y + k = 0$

Resp: **281** $2x - 3y + k = 0, k \in R$ **282** a) $5x - 2y - 37 = 0$ b) $5x - 2y = 0$ c) $5x - 2y \pm 10 = 0$
d) $5x - 2y - 29 = 0$ **283** a) $y + k = 0, k \in R$ b) $x + k = 0, k \in R$ c) $y = 7x + k, k \in R$
d) $y = -6x + k, k \in R$ e) $y = -\frac{2}{5}, k \in R$ f) $y = -x + k, k \in R$ g) $3x + 2y + k = 0, k \in R$
h) $3x - 2y + k = 0, k \in R$ **284** a) $x - y = 0$ b) $x + y = 0$ c) $x - y + k = 0, k \in R$
d) $x + y + k = 0, k \in R$ **285** $5x + 7y + k = 0, k \in R$ **286** s e t   **287** $P(8, 5)$
288 $P(-2, -9)$ e $\alpha(4x - y - 1) + \beta(2x + y + 13) = 0, \alpha, \beta \in R$

295 Determine a reta, do feixe de equação $\alpha(x + 5y + 1)$ e $\beta(x - y + 7) = 0$, que é perpendicular à reta (s) $2x + 6y - 9 = 0$.

296 Quais das retas **r, s** e **t** pertencem ao feixe de retas concorrentes de equação $\alpha(5x - y - 2) + \beta(x + y - 10) = 0$?

(r) $y = 3x + 2$ (s) $\dfrac{x}{-2} + \dfrac{y}{4} = 1$ (t) $\begin{cases} x = t - 1 \\ y = 3t - 1 \end{cases}$

297 Dada a equação $\alpha(2x - y) + \beta(x - 3) = 0$, de um feixe de retas concorrentes, determine:
a) O centro desse feixe
b) A reta desse feixe que é paralela à bissetriz dos quadrantes ímpares

c) A reta desse feixe que é paralela à bissetriz dos quadrantes pares
d) A reta desse feixe que é paralela à reta (r) $3x - 9y - 11 = 0$

298 Dada a equação α(x − 2) + β(y + 4) = 0 de um feixe de retas concorrentes, determine a reta desse feixe que determina com os eixos coordenados um triângulo de área 18.

299 Escrever as equações gerais de duas retas quaisquer que passam por P(− 1, 2) e são oblíquas aos eixos. Em seguida, escreva uma equação do feixe de retas concorrentes em **P**.

300 Escreva duas equações do feixe de retas concorrentes no ponto P(3, 5).

301 Em cada caso é dada a equação de um feixe de retas concorrentes em **P**. Determine o centro P desse feixe:

a) y − 7 = m(x − 5) ou x − 5 = 0, m ∈ R

b) y + 5 = m(x − 2) ou x = 2, m ∈ R

c) y = m(x + 7) ou x + 7 = 0, m ∈ R

302 Escrever uma equação do feixe de retas concorrentes em **P** em casos:
a) P(9, 2)

b) P(− 3, 5)

c) P(0, − 2)

Resp: **289** a) 7x + y + 21 = 0   b) 2x − 9y − 46 = 0   c) 5x − 5y − 17 = 0   **290** a) x + y − 6 = 0   b) 2x − 3y − 2 = 0
c) 2x − 3y − 2 = 0   d) x − 2y = 0   e) y − 2 = 0   f) x − 4 = 0   g) y − 2 = 0
291 x + y − 2 = 0   **292** a) P(4, 2)   b) x − 4 = 0   c) y − 2 = 0   d) x − 2y = 0
e) x + y − 6 = 0   f) 5x + 3y − 26 = 0   **293** x − 3y + 7 = 0   **294** 3x − 4y − 13 = 0

303 Dada a equação y − 5 = m (x + 6) ou x + 6 = 0, de um feixe de retas concorrentes, determine a reta desse feixe, nos casos:

a) A reta é horizontal

b) A reta é vertical

c) A reta passa pela origem

d) A reta é paralela à (r) 3x − y − 1 = 0

---

304 Em cada caso é dada uma equação. O que representa essa equação?

a) 2x + 3y + k = 0, k ∈ Z

b) α (x + y) + β(x − 3) = 0, α, β ∈ Z

c) (x + y) + α (x − y − 2) = 0, α ∈ R

d) y − 7 = m (x − 8), m ∈ R

---

305 Em caso é dada uma equação. O que representa essa equação?

a) (2k + 1) x − (1 − k) y − 3 (k − 3) = 0, k ∈ Z   b) (3k + 2)x + (k − 3) y − k − 17 = 0, k ∈ R

306 Mostre que para qualquer **k** real a reta (t) (k + 1) x − (k − 1) y + 2 (k − 3) = 0 passa pelo ponto de intersecção das retas (r) 2x + y − 8 = 0 e (s) 3x − y − 2 = 0
Obs: Faça de dois modos.

307 Determine **k** de modo que as retas (r) x + y − 8 = 0, (s) x − 2y + 1 = 0 e (t) sejam concorrentes no mesmo ponto, nos casos:

a) (t): (2k − 3) x + (k − 1) y − 5k − 6 = 0

b) (t): (k + 1) x − (k − 2) y − 2k − 11 = 0

c) (t): (k + 3) x − (6k − 1) y + 13k + 1 = 0

Resp: **295** 3x − y + 19 = 0   **296** r, s e t   **297** a) P(3, 6)   b) x − y + 3 = 0   c) x + y − 9 = 0   d) x − 3y + 15 = 0
298 x − y − 6 = 0 ou 4x − y − 12 = 0   **299** Por exemplo: (r) x + y − 1 = 0 e (s) x − y + 3 = 0
e α (x + y − 1) + β(x − y + 3) = 0, α, β ∈ R   **300** Por exemplo: α(x + y − 8) + 8(x − y + 2) = 0
e α(x − 3) + β(y − 5) = 0, α, β ∈ R   **301** a) P(5, 7)   b) P(2, − 5)   c) P(− 7, 0)
302 a) y − 2 = m (x − 9) ou x = 9, m ∈ R   b) y − 5 = m (x + 3) ou x + 3 = 0, m ∈ R   c) y + 2 = mx ou x = 0, m ∈ R

308 Determine k de modo que as retas **r**, **s** e **t** determinem um triângulo, nos casos:

a) (r) x + y – 3 = 0, (s) 2x – 3y – 1 = 0 e (t) 3x – 2y + k = 0

b) (r) x + y – 1 = 0, (s) 2x + y + 2 = 0 e (t) (k + 1) x – (k + 2) y + 7k + 11 = 0

c) (r) x + y – 1 = 0, (s) 3x + 2y – 1 = 0 e (t) (k + 1) x + 2 (3k – 2) y – 11k – 1 = 0

309 Determine a área do triângulo ABC dados A, B e C, nos casos:

a) A(– 3, 2), B(1, 7) e C(5, 4)

b) A(0, – 7), B(– 1, 5) e C(2, 4)

c) A(k + 1, 2k + 2), B(k – 3, 0) e C(3k + 3, k – 5)

310 Determine **k** de modo que o triângulo ABC tenha área 6, nos casos:
a) A(– 1, 2), B(3, 2) e C(1, k)

b) A(– 3, – 2), B(1, – 4) e C(k, 3)

311 Se as retas (r) x + y – 1 = 0, (s) 3x – 2y + 2 = 0 e (t) x – 4y + 14 = 0 contêm os lados de um triângulo ABC, determine a área desse triângulo.

Resp: **303** a) y – 5 = 0   b) x + 6 = 0   c) 5x + 6y = 0   d) 3x – y + 23 = 0   **304** a) Um conjunto de retas paralelas, todas com coeficientes angulares $-\frac{2}{3}$. Ela não é a equação de um feixe de retas paralelas porque ela não fornece todas as retas paralelas entre si, com coeficientes angulares $-\frac{2}{3}$ b) Um conjunto de retas concorrentes no ponto P(3, – 3). Ela não é a equação de um feixe de retas concorrentes de centro (3, – 3) porque ela não fornece todas as retas concorrentes em (3, – 3) c) Um feixe de retas concorrentes em (1 , – 1), com exceção da reta x – y – 2 = 0

d) Um feixe de retas concorrentes em (8, 7), com exceção da reta x – 8 = 0   **305** a) Um conjunto de infinitas reta concorrentes entre si no ponto P(–2, 7)   b) Um feixe de retas concorrentes em P(2, – 5), com exceção da reta 3x + y – 1 = 0

306 1º modo: Mostre que a primeira equação é de um conjunto de retas concorrentes no mesmo ponto que pertence simultaneamente à r e s. 2º modo: Ache a intersecção entre r e s e mostre que ele satisfaz a equação de t para qualquer k.

307 a) k = 3   b) k ∈ R   c) Não existe

312 Dados B(–2, 3) e C(4, 2), determine o vértice A, em cada caso, de modo que o triângulo ABC tenha área 6:

a) A está no eixo das ordenadas

b) A está no eixo das abscissas

c) A está na bissetriz dos quadrantes ímpares

d) A está na bissetriz dos quadrantes pares

---

313 Dados A(–2, 1) e B(4, –1), determine um ponto P da reta (r) 7x – 5y + 6 = 0 de modo que a área do triângulo PAB seja 13.

314 Sendo M(–1, 3), N(2, 4) e P(4, –2) os pontos médios dos lados de um triângulo, determine a área desse triângulo.

315 Dados os vértices B(–4, 0), C(2, 4) e o baricentro G(2, –2) de um triângulo ABC, determine a sua área.

316 Dados os vértices A(0, –6), B(–8, 0) e C(–2, 4) de um paralelogramo ABCD, determine a sua área.

317 Dadas as retas (r) x – 2 = 0 e (s) y – 3 = 0, determine a equação de uma reta t, paralela à reta (u) 4x – 3y + k = 0, que determina com r e s um triângulo de área 6.

Resp: **308** a) $k \neq 4$ b) Não existe c) $k \neq 0, k \neq 1$ e $k \neq \frac{7}{8}$ **309** a) 16 b) $17\frac{1}{2}$ c) $2k^2 + 6k + 16$

310 a) $k = -1$ ou $k = 5$ b) $k = -19$ ou $k = -7$ **311** vértices: (0, 1), (–2, 3), (2, 4), S = 5

20) Ângulo entre duas retas

Se duas retas são perpendiculares ou paralelas é imediata a determinação do ângulo reto ou nulo que elas formam. Vamos então admitir que as retas sejam oblíquas entre si, determinando entre si dois ângulos agudos e dois ângulos obtusos.

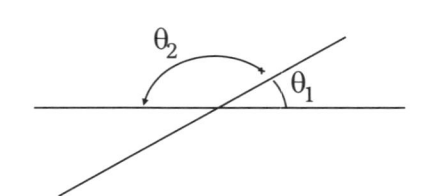

Sendo θ_1 o agudo e θ_2 o obtuso, note que

$\theta_1 + \theta_2 = 180°$ e $tg\theta_1 = -tg\theta_2$ ou $tg\theta_1 = |tg\theta_2|$

Em primeiro lugar vamos considerar uma reta vertical e outra oblíqua aos eixos
Sendo θ o ângulo agudo formado por elas temos:

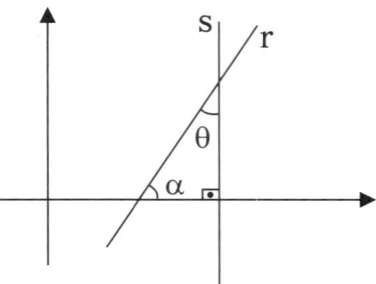

$\theta = \dfrac{\pi}{2} - \alpha$

$tg\theta = tg\left(\dfrac{\pi}{2} - \alpha\right)$

$tg\theta = cotg\alpha$

$tg\theta = \dfrac{1}{tg\alpha}$

$tg\theta = \dfrac{1}{m_r}$

$\theta = \alpha - \dfrac{\pi}{2}$

$tg\theta = tg\left(\alpha - \dfrac{\pi}{2}\right) = -tg\left(\dfrac{\pi}{2} - \alpha\right)$

$tg\theta = -cotg\alpha$

$tg\theta = -\dfrac{1}{tg\alpha}$

$tg\theta = -\dfrac{1}{m_r}$

$tg\theta = \dfrac{1}{m_r}$ 0 ou $tg\theta = \dfrac{-1}{m_r}$ 0 $\Rightarrow$ $\boxed{tg\theta = \left|\dfrac{1}{m_r}\right|}$

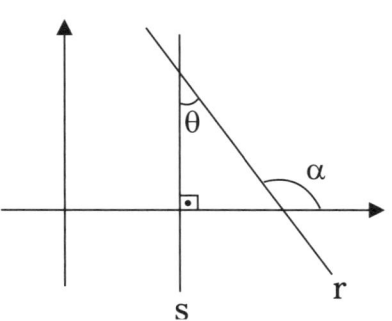

Vamos agora considerar ambas oblíquas aos eixos.

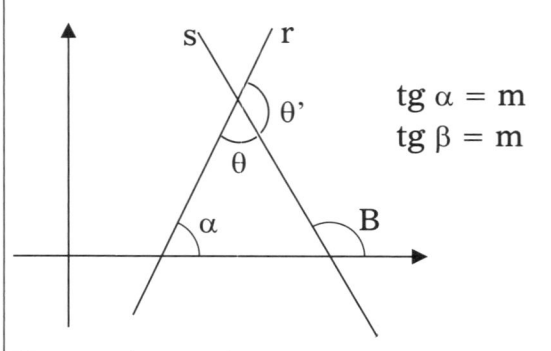

$tg\,\alpha = m$
$tg\,\beta = m$

Vamos determinar $tg\theta$.

$\theta = \beta - \alpha$ \qquad ou \qquad $\theta = \alpha - \beta$

$$\text{tg } \theta = \text{tg}(\beta - \alpha) \qquad\qquad \text{tg } \theta = \text{tg}(\alpha - \beta)$$

$$tg\theta = \frac{tg\beta - tg\alpha}{1 + tg\beta \cdot tg\alpha} \qquad \text{ou} \qquad tg\theta = \frac{tg\alpha - tg\beta}{1 + tg\alpha \cdot tg\beta}$$

$$\boxed{tg\theta = \frac{m_s - m_r}{1 + m_s m_r}} \qquad \text{ou} \qquad \boxed{tg\theta = \frac{m_r - m_s}{1 + m_r m_s}}$$

Então: $\boxed{tg\theta = \dfrac{m_r - m_s}{1 + m_r \cdot m_s}}$

Quando tgθ for **positivo**, significa que θ é agudo e quando tgθ for **negativo**, significa que θ é obtuso.

Se convencionarmos que θ é o ângulo agudo e θ' e o ângulo obtuso, formado por duas retas oblíquas, quando a tangente der **positiva**, significa que encontramos tgθ e quando der **negativa** significa que encontramos tgθ'.

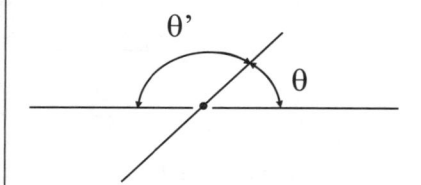

Como tgθ = – tgθ'= | tgθ'|, se quisermos achar o ângulo agudo formado pelas retas basta usarmos a fórmula:

$$\boxed{tg\theta = \left|\frac{m_r - m_s}{1 + m_r \cdot m_s}\right|}$$

Exemplo: Determine o ângulo agudo formado pelas retas **r** e **s** dadas suas equações (r) $2x - 5y - 2 = 0$ e (s) $7x - 3y + 8 = 0$.

Determinemos m_r e m_s: $\qquad m_r = \dfrac{2}{5}$ e $m_s = \dfrac{7}{3}$

Sendo θ o ângulo agudo formado por elas temos:

$$tg\theta = \left|\frac{m_r - m_s}{1 + m_r \cdot m_s}\right| \Rightarrow tg\theta = \left|\frac{\frac{2}{5} - \frac{7}{3}}{1 + \frac{2}{5} \cdot \frac{7}{3}}\right| = \left|\frac{\frac{6-35}{15}}{\frac{15+14}{15}}\right| = \left|\frac{-29}{29}\right| \Rightarrow$$

$\Rightarrow tg\theta = |-1| \Rightarrow tg\theta = 1 \Rightarrow \theta = 45º$

Exemplo: Se as retas **r** e **s** formam ângulo de 45º e $m_s = 2$, determine m_r.

Resp: **312** a) $A\left(0, \frac{2}{3}\right)$ ou $A\left(0, \frac{14}{3}\right)$ b) A(28, 0) ou A(4, 0)   c) $A\left(\frac{4}{7}, \frac{4}{7}\right)$ ou A(4, 4)   d) $A\left(-\frac{4}{5}, \frac{4}{5}\right)$ ou $A\left(-\frac{28}{5}, \frac{28}{5}\right)$
313 P(– 3, – 3) ou P(2, 4)   **314** 40   **315** 54   **316** 68   **317** (t) $4x - 3y + 13 = 0$ ou (t) $4x - 3y - 11 = 0$

$$\text{tg}\theta = \left|\frac{m_r - m_s}{1 + m_r m_s}\right| \Rightarrow \text{tg}45° = \left|\frac{m_r - 2}{1 + m_r \cdot 2}\right| \Rightarrow 1 = \left|\frac{m_r - 2}{2m_r + 1}\right| \Rightarrow \frac{m_r - 2}{2m_r + 1} = \pm 1 \Rightarrow$$

$$\frac{m_r - 2}{2m_r + 1} \quad \text{ou} \quad \frac{m_r - 2}{2m_r + 1} = -1 \Rightarrow \begin{cases} 2m_r + 1 = m_r - 2 \\ \text{ou} \\ m_r - 2 = -2m_r - 1 \end{cases} \Rightarrow m_r = -3 \quad \text{ou} \quad m_r = \frac{1}{3}$$

Obs: Significado dos dois valores obtidos:

Há dois feixes de retas paralelas com cada reta de um feixe formando ângulo de 45° com a reta **s**. Os coeficiente angulares das retas de um feixe é – 3 e das retas do outro feixe é $\frac{1}{3}$

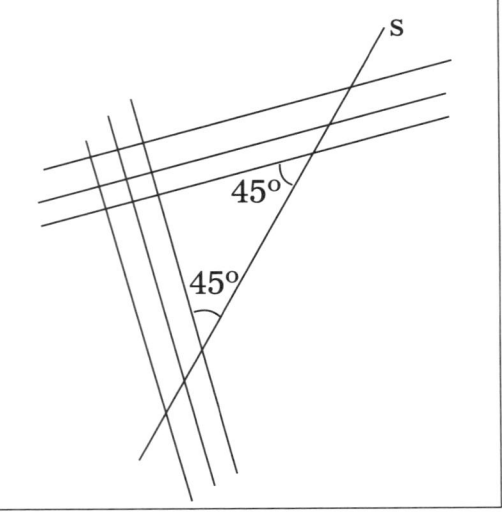

318 Determine o ângulo formado pelas retas **r** e **s**, nos caso:

a) (r) 2x – 8 = 0
   (s) x + 2 = 0

b) (r) 3y – 1 = 0
   (s) 2y – 4 = 0

c) (r) x – 4 = 0
   (s) y – 2 = 0

d) (r) 2x – 3y + 9 = 0
   (s) 2x – 3y – 1 = 0

e) (r) 5x + 7y – 1 = 0
   (s) 7x – 5y + 2 = 0

f) (r) 4x – 6y – 2 = 0
   (s) 2x – 3y – 1 = 0

319 Determine o ângulo formado pelas retas **r** e **s**, nos casos:
Obs: Quando duas retas são oblíquas e for pedido o ângulo entre elas, devemos dar como resposta o ângulo agudo.

a) (r) 3x – 4 = 0
   (s) x – y – 7 = 0

b) (r) 3y – 9 = 0
   (s) x + y – 9 = 0

c) (r) 6x – 7 = 0
   (s) x + y + 11 = 0

d) (r) x + y – 2 = 0
   (s) x – y – 9 = 0

e) (r) 2x – 2y – 1 = 0
   (s) x – 9 = 0

f) (r) 3x + 3y – 5 = 0
   (s) 3y – 9 = 0

320 Determine o ângulo agudo formado pelas retas **r** e **s**.

a)   (r) 2x – 4 = 0   b)   (r) y = 3x – 5   c)   (r) 2x – 9 = 0
     (s) 2x – y – 1 = 0   (s) 3x – 11 = 0   (s) 3x – 2y – 5 = 0

---

321 Determine o ângulo agudo formado pelas retas **r** e **s**.

a)   (r) $y = \dfrac{2}{5}x - 5$ b)   (r) 3x – 4y – 5 = 0

     (s) $y = \dfrac{7}{3}x - 2$ (s) 2x + 3y – 2 = 0

---

322 Determine o ângulo formado pelas retas **r** e **s**.

a)   (r) 3y – 12 = 0   b)   (r) 4y – 7 = 0   c)   (r) y – 9 = 0
     (s) y = 9x – 1   (s) 4x – 2y – 7 = 0   (s) 3x + 4y – 7 = 0

---

323 Determine o ângulo formado pelas retas **r** e **s**.

(r) 3x + 4y – 2 = 0

(s) 2x – 6y – 9 = 0

324 Determine o coeficiente angular de **r** dado o coeficiente angular de **s** e o ângulo formado por elas nos casos:

a) $m_s = \dfrac{4}{7}$ e $\theta = 45°$

b) $m_s = -\dfrac{2}{3}$, $\theta = \text{arctg } \dfrac{2}{5}$

325 Determine a tangente do ângulo agudo formado pelas retas AB e CD dados $A(-3, 7)$, $B(1, -1)$, $C(7, -2)$ e $D(-1, 10)$.

326 Se as retas r e s formam um ângulo cujo cosseno é $\dfrac{3}{5}$, sendo $\dfrac{1}{3}$ o coeficiente angular de **r**, determine o coeficiente angular de **s**.

327 Determine a equação da reta que passa por $P(-7, 2)$ e forma ângulo de $45°$ com (r) $3x - 2y - 13 = 0$.

328 Dado o ponto P(5, – 3) e a reta (r) x + 3y + 21 = 0, determine a equação da reta que passa por P e forma com r um ângulo θ tal que tgθ = 3.

329 Determine a reta simétrica de (s) 3x – 2y – 13 = 0 em relação à reta (a) x – 2y – 7 = 0.

Resp: **318** a) Nulo b) Nulo c) Reto d) Nulo e) Reto f) Nulo **319** a) 45° b) 45° c) 45° d) Reto e) 45° f) 45° **320** a) tgθ = $\frac{1}{2}$ ou θ = arctg$\frac{1}{2}$ b) tgθ = $\frac{1}{3}$ c) arctg $\frac{2}{3}$ **321** a) 45° b) θ = arctg$\frac{17}{6}$ **322** a) arctg 9 b) arctg 2 c) arctg $\frac{3}{4}$ **323** arctg $\frac{13}{9}$

123

330 Determine a reta simétrica de (s) 4x + 3y – 18 = 0 em relação à reta (t) 3x + y – 11 = 0.

331 Determine a equação da reta que passa por P(– 1, 5) e forma ângulos congruentes com as retas (r) 3x – 4y – 1 = 0 e (s) 4x – 3y + 4 = 0.

332 A projeção ortogonal do ponto P(–1, 6) sobre uma reta r é A(–7, –3). Determine a equação de **r**.

333 Dado o ponto P(–6, 3) e a reta (r) 7x – 4y – 11 = 0, determine:
a) A equação da reta que passa por **P** e é perpendicular a **r**.

b) A projeção ortogonal de **P** sobre **r**

c) O simétrico de **P** em relação à **r**

334 Usando o processo do exercício anterior, determine a reta simétrica de (r) x – 2y + 8 = 0 em relação a (s) 3x – y – 1 = 0.

Resp: **324** a) $\frac{11}{3}$ ou $\frac{3}{11}$ b) $-\frac{4}{19}$ ou $-\frac{16}{11}$ **325** $\frac{1}{8}$ **326** 3 ou $-\frac{9}{13}$ **327** 5x + y + 33 = 0 ou x – 5y + 17 = 0   **328** 4x – 3y – 29 = 0 ou x – 5 = 0   **329** x + 18y + 33 = 0

335 Se A(– 1, 6) e B(5, 4) são vértices de um losango ABCD e P(3, 3) é um ponto da diagonal BD, determine os vértices C e D e a área desse losango.

336 Dadas as retas (r) x + y – 1 = 0 e (s) x + 2y + 3 = 0 e o ponto M(3, – 1), determine um ponto A sobre r e um ponto B sobre s de modo que M seja ponto médio do segmento AB.

337 Dadas as retas (r) $2x + y + 2 = 0$ e (s) $x + 2y - 3 = 0$, e o ponto P(5, – 6), determine a reta que passa por P e intercepta **r** em **A** e **s** em **B** de modo que P divida o segmento orientado AB na razão $\frac{3}{5}$.

338 Dados os vértices A(5, 6) e B(– 1, – 2) e o ortocentro H(– 1, 2) de um triângulo ABC, determine o vértice C.

Resp: **330** $x - 3 = 0$ **331** $x - y + 6 = 0$ ou $x + y - 4 = 0$ **332** $2x + 3y + 23 = 0$
333 a) $4x + 7y + 3 = 0$ b) $(1, -1)$ c) $(8, -5)$ **334** $2x + y - 9 = 0$

339 Determine a equação da reta simétrica de (r) $3x - y - 4 = 0$ em relação ao ponto $P(-1, 1)$.

340 As retas (r) $x - 3y + 5 = 0$ e (s) $2x + 3y - 18 = 0$ contêm dois lados de um triângulo cujo ortocentro é $H(2, 7)$. Determine a equação da reta que contêm o terceiro lado desse triângulo.

341 Determine a equação da reta cujos pontos são eqüidistantes das retas (r) $2x - y - 10 = 0$ e (s) $2x - y + 4 = 0$

342 As retas (r) $x + 4y - 7 = 0$, (s) $2x + y = 0$ e (t) $3x - 2y - 7 = 0$ contêm respectivamente o lado AB, a altura relativa a A e a altura relativa a B, de um triângulo ABC. Determine as equações das retas que contêm os outros lados e a outra altura.

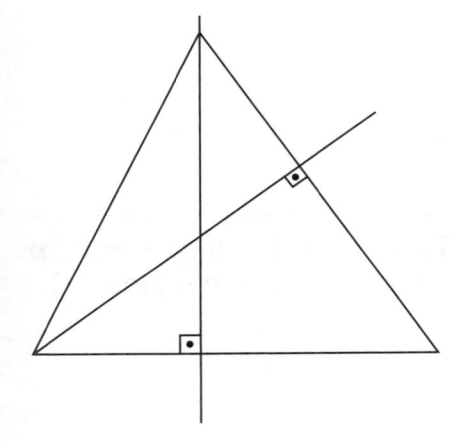

Resp: **335** C(3, –2), D(–3, 0) e S = 40   **336** A(–3, 4) e B(9, –6)   **337** $4x + 3y - 2 = 0$ **338** $C\left(-\frac{19}{3}, 6\right)$

343 Se as retas (r) x – 8y – 15 = 0 e (s) x + y – 3 = 0 contêm duas medianas de um triângulo ABC, dado A(5, 4), determine as equações das retas que contêm os lados do triângulo.

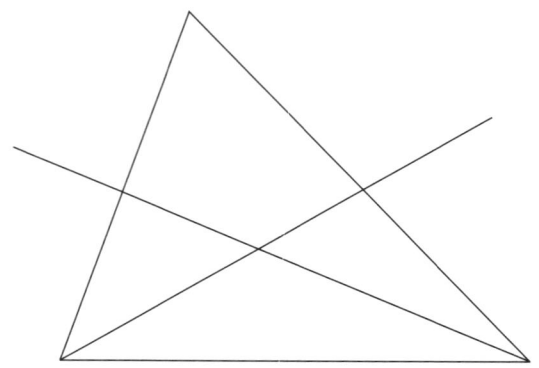

344 Dado o vértice A(4, 9) e as retas (r) x + 6y – 21 = 0 e (s) 7x + 5y + 1 = 0 que contêm duas alturas de um triângulo ABC, determine a equação da reta que contêm o lado BC.

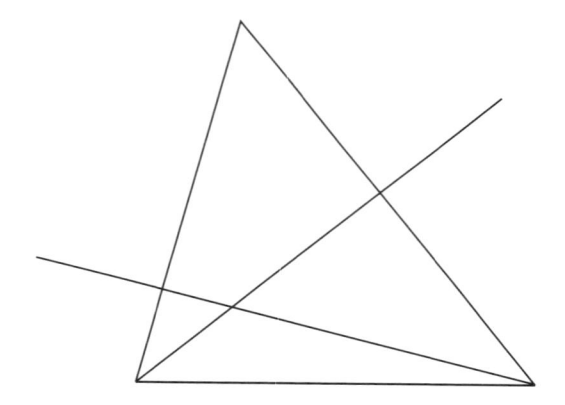

345 Dado o vértice A(– 1, 8) e a reta (r) 2x – 5y + 13 = 0 e a reta (s) x + 6y – 10 = 0, que contêm duas bissetrizes internas de um triângulo ABC, determine a reta que contém o lado BC desse triângulo.

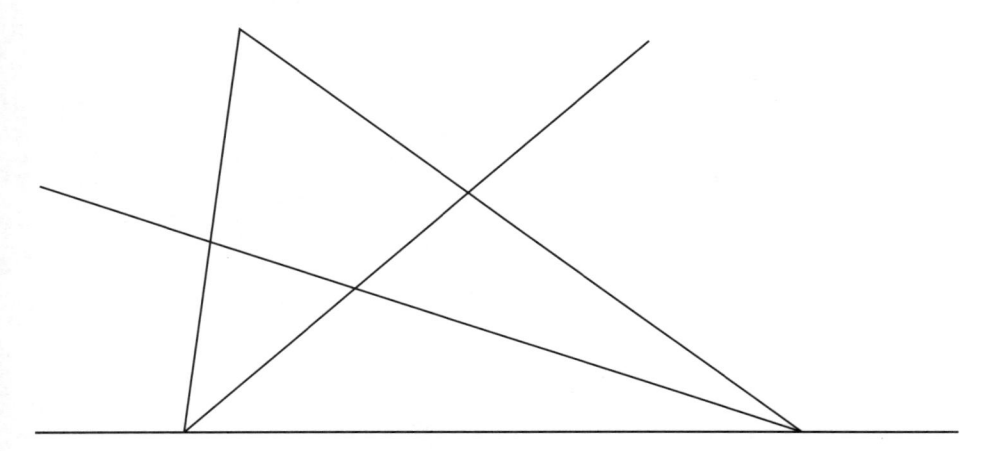

Resp: **339** 3x – y + 12 = 0   **340** 3x – 5y + 11 = 0   **341** 2x – y – 3 = 0
342 (BC): x – 2y – 1 = 0, (AC): 2x + 3y – 4 = 0, (CH): 4x – y – 6 = 0

346 Dadas as retas (r) $3x - 2y - 8 = 0$ e (s) $5x + 4y - 6 = 0$, determine a equação da reta **t**, perpendicular à reta (u) $3x - y + 31 = 0$, que determina com **r** e **s** um triângulo de área 11.

347 Determine o coeficiente angular da reta AB dados **A** e **B** nos casos:
a) A(– 1, 7) e B(9, – 8)   b) A(4, – 5) e B(– 4, 7)   c) A(– 1, 11) e B(– 11, 1)

348 Determine **k** de modo que os pontos **A**, **B** e **C** sejam colineares nos casos:
a) A(– 2, 3), B(5, 2) e C(1, k)   b) A(k , – 3), B(2, 1) e C(6, 7)

349 Determine a equação geral da reta determinada pelos pontos **A** e **B** nos casos:
a) A(– 2, 3) e B(3, 2)   b) A(0, 1) e B(4, 2)   c) A(0, 4) e B(– 2, 0)
d) A(2, 3) e B(3, 2)   e) A(– 4, 0) e B(3, – 1)   f) A(0, 3) e B(1, 2)

350 Determine **k** de modo que o ponto **P** pertença à reta **r**, nos casos:
a) P(– 1, 7), (r) $3x – 8y + k = 0$ b) P(– 3, – 2), (r) $(2k – 1) x – y + k – 2 = 0$

351 Determine a equação geral da reta horizontal que passa pelo ponto **P**, nos casos:
a) P(– 3, 5)   b) P(2, – 6)   c) P(0, 7)   d) P(– 2, 1)   e) P(3, – 8)

352 Determine a equação geral da reta vertical que passa pelo ponto **P**, nos casos:
a) P(3, – 7)   b) P(– 4, 13)   c) P(8, 0)   d) P(– 2, – 5)   e) P(13, – 1)

353 Determine a equação geral da reta que passa pela origem do sistema de coordenadas e pelo ponto **P**, nos casos:
a) P(10, 15)   b) P(– 4, 6)   c) P(8, – 12)   d) P(– 3, – 5)   e) P(2, 4)

354 Determine o coeficiente angular **m** e o coeficiente linear **q** da reta **r** nos casos:
a) (r) $y = 4x – 6$ b) (r) $2x – y + 9 = 0$ c) (r) $6x – 8y – 9 = 0$

355 Determine o coeficiente angular da reta **r** nos casos:
a) (r) $3x – y – 19 = 0$ b) (r) $6x – 9y – 4 = 0$ c) (r) $10x – 5y – 9 = 0$
d) (r) $\dfrac{x}{3}+\dfrac{y}{2}=1$ e) (r) $\dfrac{x}{-8}+\dfrac{y}{-4}=1$ f) (r) $\begin{cases} x = 2t - 1 \\ y = 5t + 7 \end{cases}$

356 Escrever a equação reduzida da reta **r**, nos casos:
a) (r) $6x – 2y + 5 = 0$ b) (r) $\dfrac{x}{-4}+\dfrac{y}{6}=1$ c) (r) $\begin{cases} x = 2t - 5 \\ y = 8 - t \end{cases}$

357 Determine os pontos onde a reta **r** corta os eixos coordenados nos casos:
a) $\dfrac{x}{7}+\dfrac{y}{9}=1$ b) $\dfrac{x}{-2}+\dfrac{y}{3}=1$ c) $\dfrac{x}{7}+y=1$ d) $\dfrac{2x}{3}+\dfrac{5y}{-7}=1$
e) $6x – 4y – 24 = 0$ f) $y = \dfrac{5}{3}x - \dfrac{1}{4}$ g) (r) $\begin{cases} x = 3y - 6 \\ y = 2t - 8 \end{cases}$

358 Determine a equação segmentária da reta **r**, nos casos:
a) (r) $\dfrac{2x}{3}-\dfrac{5y}{2}=1$ b) (r) $3x – 2y = – 1$ c) (r) $4x + 6y – 12 = 0$
d) (r) $3x – 5y – 7 = 0$ e) (r) $y = 2x - \dfrac{7}{3}$ f) (r) $\begin{cases} x = 2t - 1 \\ y = t + 3 \end{cases}$

Resp: **343** (AC) $5x + 2y – 33 = 0$, (AB) $x – y – 1 = 0$, (BC) $2x + 5y + 12 = 0$ **344** (BC) $7x + 5y + 1 = 0$
345 (BC) $x – 3y – 9 = 0$

359 Determinar a área do triângulo que a reta **r** determina com os eixos coordenados, nos casos:

a) (r) $\dfrac{x}{9}+\dfrac{y}{-8}=1$
b) (r) $y = 2x + 18$
c) (r) $5x - 2y + 100 = 0$
d) (r) $\begin{cases} x = t - 12 \\ y = 2t + 18 \end{cases}$

360 Resolver:

a) Determine a equação geral da reta r sabendo que $x = t - 7$ e $y = 3 - 2t$.

b) Dada a reta (r) $2x - 3y - 5 = 0$, se $2t - 5$ é a abscissa, em função do parâmetro **t**, de um ponto P de r, deteremine a ordenada de P, em função de **t**.

361 Determine a equação geral da reta que passa por **P** e tem coeficiente angular **m**, nos casos:

a) $P(3, - 7)$ e $m = 3$
b) $P(- 2, 4)$ e $m = \dfrac{2}{3}$
c) $P(5, - 2)$ e $m = -\dfrac{3}{2}$

362 Determine a equação geral da da reta que passa por **P** e forma ângulo α com o eixo das abscissas, nos casos:

a) $P(- 3, 2)$, $\alpha = 45°$
b) $P(5, - 4)$, $\alpha = 135°$
c) $P(1, 0)$, $\alpha = 120°$
d) $P\dfrac{7}{3}$, $\alpha = 150°$

363 Dado o coeficiente angular $m = -\dfrac{1}{2}$, de uma reta **r**, determine a equação geral da reta

a) s , que passa por $A(- 5, 3)$ e é paralela à **r**.

b) t , que passa por $B\left(-\dfrac{1}{2},-2\right)$ e é perpendicular à **r**.

364 Determine a equação da reta que passa por **P** e é paralela à reta **r**, nos casos:

a) $P(- 5, 2)$ e (r) $3x - 2y - 1 = 0$
b) $P(3, - 5)$ e (r) $x - 3y - 4 = 0$

365 Determine a equação da reta que passa por **P** e é perpendicular à reta **r**, nos casos:

a) $P(- 3, 1)$ e (r) $3x - 2y - 2 = 0$
b) $P(2, - 4)$ e (r) $2x + 5y - 1 = 0$

366 Determine a intersecção das retas **r** e **s** nos casos:

a) (r) $2x + y = 4$
   (s) $x - 2y = 7$

b) (r) $x + 2y = 5$
   (s) $2x + 3y = 7$

367 Dado o ponto $P(5, 6)$ e a reta (r) $2x + y - 6 = 0$, determine:

a) A equação da reta que passa por P e é perpendicular à **r**.

b) A projeção ortogonal do ponto P sobre a reta **r**.

c) O simétrico de P em relação à reta **r**.

368 Dada a equação $(a + 2) x + (a^2 - 9) y + 3a^2 - 8a + 5 = 0$, determine a nos casos:

a) Para que ela seja a equação de uma reta paralela ao eixo dos x.

b) Para que ela seja a equação de uma reta paralela ao eixo dos y.

c) Para que ela seja a equação de uma reta que passa pela origem.

369 A equação $(m + 2n - 3) x + (2m - n + 1) y + 6m + 9 = 0$ é de uma reta paralela ao eixo das abscissas e corta o eixo dos y em um ponto de ordenada $- 3$. Determine **m**, **n** e a equação dessa reta.

370 A equação $(2m - n + 5) x + (m + 3n - 2) y + 2m + 7n + 19 = 0$ é paralela ao eixo das ordenadas e corta o eixo dos x em um ponto de abscissa 5. Determine **m**, **n** e a equação dessa reta.

371 Dados (r) ax − 2y − 1 = 0 e (s) 6x − 4y − b = 0, determine **a** e **b** para que as retas **r** e **s** sejam:

a) Concorrentes b) Paralelas distintas c) Coincidentes

372 Dados (r) mx + 8y + n = 0 e (s) 2x + my − 1 = 0, determine **m** e **n** para que as retas **r** e **s** sejam:

a) Paralelas distintas b) Coincindentes c) Perpendiculares

373 Determine **m** de modo que as retas de equações (m − 1) x + my − 5 = 0 e mx + (2m − 1) y + 7 = 0 sejam concorrentes num ponto do eixo **x**.

374 As retas (r) mx + (2m + 3) y + m + 6 = 0 e (s) (2m + 1)x + (m − 1) y + m − 2 = 0 interceptam-se num ponto do eixo y. Determine **m**.

375 Para quais valores de a as retas 2x − y + 3 = 0 e x + y + 3 = 0 e ax + y − 13 = 0 determinam um triângulo?

376 Determine o centro do feixe de retas concorrentes dada a equação α(x − 3y − 7) + β(x + y − 3) = 0 desse feixe.

377 Dada a equação α(x + 2y − 5) + β(3x − 2y + 1) = 0, de um feixe de retas concorrentes, determine a reta desse feixe que

a) passa por A(3, − 1) b) passa pela origem
c) é paralela ao eixo dos x d) é paralela ao eixo dos y
e) é paralela à reta 4x + 3y − 5 = 0 f) é perpendicular à reta 2x + 3y + 7 = 0

378 Dado a feixe α (3x − 2y + 5) + β(4x + 3y − 1) = 0, determine a reta dele que intercepta o eixo dos **y** num ponto de ordenada − 3. (Resolva esse problema sem achar o centro do feixe).

379 Dada a equação α(3x − 4y − 3) + β(2x + 3y − 1) = 0, de um feixe de retas concorrentes, determine a reta que desse feixe que passa pelo baricentro do triângulo ABC dados A(− 1, 2), B(4, − 4) e C(6, − 1).

380 Determine a área do triângulo ABC nos casos:

a) A(2, − 3), B(3, 2) e C(− 2, 5) b) A(3, − 4), B(− 2, 3) e C(4, 5)

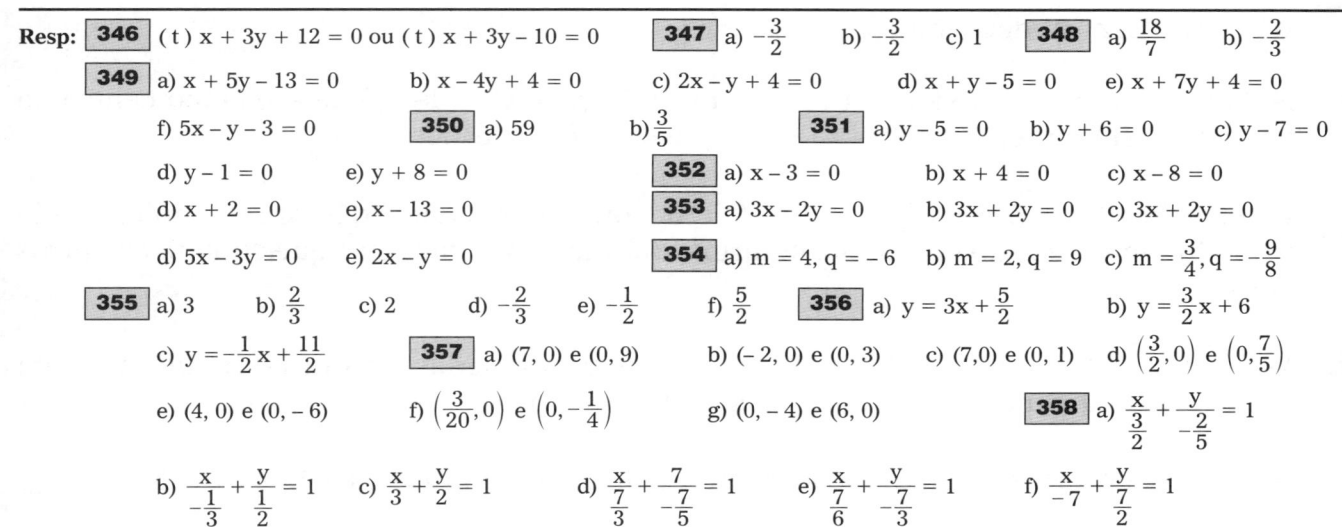

Resp: **346** (t) x + 3y + 12 = 0 ou (t) x + 3y − 10 = 0   **347** a) $-\frac{3}{2}$ b) $-\frac{3}{2}$ c) 1   **348** a) $\frac{18}{7}$ b) $-\frac{2}{3}$

349 a) x + 5y − 13 = 0 b) x − 4y + 4 = 0 c) 2x − y + 4 = 0 d) x + y − 5 = 0 e) x + 7y + 4 = 0

f) 5x − y − 3 = 0   **350** a) 59 b) $\frac{3}{5}$ **351** a) y − 5 = 0 b) y + 6 = 0 c) y − 7 = 0

d) y − 1 = 0 e) y + 8 = 0   **352** a) x − 3 = 0 b) x + 4 = 0 c) x − 8 = 0

d) x + 2 = 0 e) x − 13 = 0   **353** a) 3x − 2y = 0 b) 3x + 2y = 0 c) 3x + 2y = 0

d) 5x − 3y = 0 e) 2x − y = 0   **354** a) m = 4, q = − 6 b) m = 2, q = 9 c) m = $\frac{3}{4}$, q = $-\frac{9}{8}$

355 a) 3 b) $\frac{2}{3}$ c) 2 d) $-\frac{2}{3}$ e) $-\frac{1}{2}$ f) $\frac{5}{2}$ **356** a) y = 3x + $\frac{5}{2}$ b) y = $\frac{3}{2}$x + 6

c) y = $-\frac{1}{2}$x + $\frac{11}{2}$ **357** a) (7, 0) e (0, 9) b) (− 2, 0) e (0, 3) c) (7,0) e (0, 1) d) $\left(\frac{3}{2}, 0\right)$ e $\left(0, \frac{7}{5}\right)$

e) (4, 0) e (0, − 6) f) $\left(\frac{3}{20}, 0\right)$ e $\left(0, -\frac{1}{4}\right)$ g) (0, − 4) e (6, 0)   **358** a) $\frac{x}{\frac{3}{2}} + \frac{y}{-\frac{2}{5}} = 1$

b) $\frac{x}{-\frac{1}{3}} + \frac{y}{\frac{1}{2}} = 1$ c) $\frac{x}{3} + \frac{y}{2} = 1$ d) $\frac{x}{\frac{7}{3}} + \frac{7}{-\frac{7}{5}} = 1$ e) $\frac{x}{\frac{7}{6}} + \frac{y}{-\frac{7}{3}} = 1$ f) $\frac{x}{-7} + \frac{y}{\frac{7}{2}} = 1$

381 Determine a altura relativa ao vértice C de um triângulo ABC dados A(3, 6), B(– 1, 3) e C(2, – 1).

382 A(– 2, 3), B(4, – 5) e C(– 3, 1) são vértices de um paralelogramo ABCD. Determine a área desse quadrilátero.

383 A(3, 7), B(2, – 3) e C(– 1, 4) são vértices de um paralelogramo ABCD. Determine a altura relativa ao lado AC desse paralelogramo.

384 Se A(3, 1) e B(1, – 3) são vértice de um triângulo ABC de área 3, cujo vértice C está no eixo das ordenadas, determine C.

385 O centro de gravidade de um triângulo ABC de área 3 está no eixo da abscissas. Dados A(3, 1) e B(1, – 3), determine C.

386 Determine o ângulo agudo formado pelas retas r e s, nos casos:

a) (r) 2x – 7 = 0 e (s) 2x – 5y – 1 = 0
b) (r) 3x + 2y + 1 = 0 e (s) x – 9 = 0
c) (r) 5x – y + 7 = 0 (s) 3x + 2y – 9 = 0
d) (r) x + 3y – 7 = 0 e (s) 3x – 2y – 8 = 0

387 Determine a equação da reta que passa por P(2, 1) e forma um ângulo de 45° com a reta (r) 2x + 3y + 4 = 0.

388 A(–1, 3) e B(– 2, 4) são vértices de um paralelogramo ABCD de área 12 cuja intersecção das diagonais está no eixo das abscissas. Determine C e D.

389 As diagonais de um paralelogramo ABCD de área 17 interceptam-se no eixo das ordenadas. Dados A(2, 1) e B(5, – 3), determine C e D.

390 As retas 4x + 3y – 5 = 0, x – 3y + 10 = 0 e x – 2 = 0 contêm os lados de um triângulo. Determine os vértices desse triângulo.

391 As retas 8x + 3y + 1 = 0 e 2x + y – 1 = 0 contêm dois lados de um paralelogramo e a reta 3x + 2y + 3 = 0 contém uma das diagonais. Determine os vértices desse paralelogramo.

392 Determine a área de um triângulo cujos lados estão nas retas x + 5y – 7 = 0, 3x – 2y – 4 = 0 e 7x + y + 19 = 0.

393 Um triângulo ABC com C na reta (r) 2x + y – 2 = 0 tem 8 de área. Dados ainda A(1, – 2) e B(2, 3), determine C.

394 Se A(2, – 3) e B(3, – 2) são vértices de um triângulo ABC de 1,5 de área cujo centro de gravidade está na reta (r) 3x – y – 8 = 0, determine o vértice C.

395 As retas 2x – 3y + 5 = 0 e 3x + 2y – 7 = 0 contêm dois lados de um retângulo. Sendo A(2, – 3) um vértice do retângulo, determine as equações das retas que contêm os outros lados.

396 As retas x – 2y = 0 e x – 2y + 15 = 0 contêm dois lados de um retângulo e a reta 7x + y – 15 = 0, uma de suas diagonais. Determine os vértices.

397 Determine a projeção ortogonal do ponto P(– 6, 4) sobre a reta (r) 4x – 5y + 3 = 0.

398 Determine o simétrico do ponto P(– 5, 13) em relação à reta (r) 2x – 3y – 3 = 0.

399 Dados os pontos P(2, 1), Q(5, 3) eT(3, – 4), pontos médios dos lados de um triângulo, determine as equações dos lados (das retas que contêm os lados). Obs: Neste caderno quando pedirmos a equação de um segmento, estamos, na realidade, pedindo a equação da reta que o contém.

400 Dados os pontos P(2, 3) e Q(– 1, 0), determine a reta perpendicular ao segmento PQ por Q.

401 O ponto P(2, 3) é o pé da reta, perpendicular a uma reta r, conduzida pela origem do sistema de coordenadas. Determine r.

402 Dados os vértices A(2, 1), B(– 1, – 1) e C(3, 2) de um triângulo, determine as equações das suas alturas (das retas que contêm as suas alturas).

403 Determine o ortocentro (encontro das alturas) do triângulo determinado pelas retas 4x – y – 7 = 0, x + 3y – 31 = 0 e x + 5y – 7 = 0.

404 A(1, – 1), B(– 2, 1) e C(3, 5) são os vértices de um triângulo. Determine a reta por A, perpendicular à mediana (à reta que o contêm) relativa ao lado AC.

405 A(2, – 2), B(3, – 5) e C(5, 7) são vértices de um triângulo. Determine a reta por C, perpendicular à bissetriz relativa ao vértice A.

406 Determine a equação da reta que passa por P(3,5) e eqüidista dos pontos A(– 7, 3) e B(11, – 15).

407 Determine a projeção do ponto P(– 8, 12) sobre a reta AB dados A(2, – 3) e B(– 5, 1).

408 Determine o simétrico do ponto P(8, – 9) em relação à reta AB dados A(3, – 4) e B(– 1, – 2)

409 Determine um ponto P do eixo das abscissas de modo que a soma das distâncias dele até os pontos A(1, 2) e B(3, 4) seja mínima.

410 Determine um ponto P do eixo das ordenadas, de modo que a diferença entre suas distâncias até os pontos A(– 3, 2) e B(2, 5) seja máxima.

Resp: **359** a) 36 b) 81 c) 500 d) 441 **360** a) 2x + y + 11 = 0 b) $\frac{4}{3}$t – 5 **361** a) 3x – y – 16 = 0 b) 2x – 3y + 16 = 0 c) 3x + 2y – 11 = 0 **362** a) x – y + 5 = 0 b) x + y – 1 = 0 c) $\sqrt{3}$ + y – $\sqrt{3}$ = 0 d) $\sqrt{3}$x + 3y – 6 = 0 **363** a) x + 2y – 1 = 0 b) 2x – y – 1 = 0 **364** a) 3x – 2y + 19 = 0 b) x – 3y – 18 = 0 **365** a) 2x + 3y + 3 = 0 b) 5x – 2y – 18 = 0 **366** a) {(3, – 2)} b) {(– 1, 3)} **367** a) x – 2y + 7 = 0 b) (1, 4) c) (– 3, 2) **368** a) a = – 2 b) a = – 3 ou a = 3 c) a = 1 ou a = $\frac{5}{3}$ **369** m = 7, n = – 2, y + 3 = 0 **370** m = – 4, n = 2, x – 5 = 0 **371** a) a ≠ 3 b) a = 3 e b ≠ 2 c) a = 3 e b = 2 **372** a) m = – 4, n ≠ 2 ou m = 4, n ≠ – 2 b) m = – 4, n = 2 ou m = 4, n = – 2 c) m = 0, n ∈ R **373** m = $\frac{7}{12}$ **374** m = 0 ou m = 6 **375** a ≠ – 7 e a ≠ 1 **376** (4, – 1) **377** a) 3x + 2y – 7 = 0 b) 2x – y = 0 c) y – 2 = 0 d) x – 1 = 0 e) 4x + 3y – 10 = 0 f) 3x – 2y + 1 = 0 **378** 74x + 13y + 39 = 0 **379** 7x + 19y – 2 = 0 **380** a) 14 u.a. b) 26 u.a.

411 Determine um ponto da reta (r) $2x - y - 5 = 0$, de modo que à soma das distâncias entre ele e os pontos A(– 7, 1) e B(– 5, 5) seja mínima.

412 Determine um ponto da reta (r) $3x - y - 1 = 0$, de modo que diferença entre suas distâncias até os pontos A(4, 1) e B(0, 4) seja máxima.

413 O ponto A(– 4, 5) é vértice de um quadrado. Se uma diagonal do quadrado está sobre a reta $7x - y + 8 = 0$, determine as equações dos lados e da outra diagonal do quadrado.

414 A(– 1, 3) e C(6, 2) são vértice opostos de um quadrado. Determine a equação dos lados (das retas que contém os lados).

415 Um lado de um quadrado está sobre a reta $x - 2y + 12 = 0$ e P(1, – 1) é o centro desse quadrado. Determine as equações dos outros lados.

416 Um raio de luz, ao longo da reta (r) $x - 2y + 5 = 0$, ao incidir a reta (s) $3x - 2y + 7 = 0$ é refletido. Determine a equação da reta que contém o raio refletido.

417 A(– 10, 2) e B(6, 4) são vértices de um triângulo cujo ortocentro é P(5, 2). Determine o outro vértice.

418 O lado AB de um triângulo ABC está sobre a reta $5x - 3y + 2 = 0$, a altura AN está em $4x - 3y + 1 = 0$ e a altura BM sobre $7x + 2y - 22 = 0$. Determine a equação dos outros lados e da outra altura.

419 A(1, 3) é um vértice de um triângulo ABC e duas medianas estão sobre $x - 2y + 1 = 0$ e $y - 1 = 0$. Determine as equações das retas dos lados.

420 Duas alturas de um triângulo ABC estão nas retas $5x + 3y - 4 = 0$ e $3x + 8y + 13 = 0$. Dado B(– 4, – 5), determine as equações das retas dos lados desse triângulo.

421 Duas bissetrizes de um triângulo estão sobre as retas $x - 1 = 0$ e $x - y - 1 = 0$. Dado A(4, – 1), determine as equações das retas que contêm os lados desse triângulo.

422 As retas $x - 7y + 15 = 0$ e $7x + y + 5 = 0$ contêm, respectivamente, uma altura e uma bissetriz relativas a um mesmo vértice de um triângulo ABC. Dado B(2, 6), determine as equações das retas dos lados.

423 As retas $3x - 4y + 27 = 0$ e $x + 2y - 5 = 0$ contêm, respectivamente, uma altura e uma bissetriz relativas a vértices diferentes de um triângulo ABC. Dado B(2, –1), determine as equações das retas que contém os lados.

424 As retas $2x - 3y + 12 = 0$ e $2x + 3y = 0$ contêm, respectivamente, uma altura e uma mediana relativas ao mesmo vértice de um triângulo ABC. Dado C(4, – 1), determine as equações das retas dos lados do triângulo.

425 As retas $3x + y + 11 = 0$ e $x + 2y + 7 = 0$ contêm, respectivamente, uma altura e uma mediana, relativas a vértices diferentes, de um triângulo ABC. Dado B(2, – 7), determine as equações das retas que contêm os lados desse triângulo.

426 As retas $x + 2y - 5 = 0$ e $4x + 13y - 10 = 0$ contêm, respectivamente, uma bissetriz e uma mediana, relativas ao mesmo vértice, de um triângulo ABC. Dado C(4, 3), determine as equações das retas dos lados desse triângulo.

427 As retas $x - 4y + 10 = 0$ e $6x + 10y - 59 = 0$ contêm, respectivamente, uma bissetriz e uma mediana, relativas a vértices diferentes, de um triângulo ABC. Dado $A(3, -1)$, determine as equações das retas dos lados desse triângulo.

428 Determine a equação da reta que passa pela origem do sistema e determine com as retas $x - y + 12 = 0$ e $2x + y + 9 = 0$ um triângulo de área 1,5 u.a.

Resp: **381** 5 **382** 20 **383** 7,4 **384** $(0, -8)$ ou $C(0, -2)$ **385** $C(5, 2)$ ou $C(2, 2)$ **386** a) $\text{arctg}\frac{5}{2}$ b) $\text{arctg}\frac{2}{3}$ c) 45° d) $\text{arctg}\frac{11}{3}$ **387** $x - 5y + 3 = 0$ ou $5x + y - 11 = 0$ **388** $C(-7, -3)$ e $D(-6, -4)$ ou $C(17, -3)$ e $D(18, -4)$ **389** $C(-2, 12)$ e $D(-5, 16)$ ou $C\left(-2, \frac{2}{3}\right)$ e $D\left(-5, \frac{14}{3}\right)$ **390** $(2, -1), (-1, 3)$ e $(2, 4)$ **391** $(1, -3), (-2, 5), (5, -9)$ e $(8, -17)$ **392** 17 **393** $C(-1, 4)$ ou $C\left(\frac{25}{7}, \frac{36}{7}\right)$ **394** $C(1, -1)$ ou $C(-2, -10)$ **395** $3x + 2y = 0$ e $2x - 3y - 13 = 0$ **396** $(2, 1), (4, 2), (-1, 7)$ e $(1, 8)$ **397** $(-2, -1)$ **398** $(11, -11)$ **399** $7x - 2y - 12 = 0, 5x + y - 28 = 0$ e $2x - 3y - 18 = 0$ **400** $x + y + 1 = 0$ **401** $2x + 3y - 13 = 0$ **402** $4x + 3y - 11 = 0, x + y + 2 = 0$ e $3x + 2y - 13 = 0$ **403** $(3, 4)$ **404** $4x + y - 3 = 0$ **405** $x - 5 = 0$ **406** $x + y - 8 = 0$ ou $11x - y - 28 = 0$ **407** $(-12, 5)$ **408** $(10, -5)$ **409** $\left(\frac{5}{3}, 0\right)$ **410** $P(0, 11)$ **411** $(2, -1)$ **412** $(2, 5)$ **413** $4x + 3y + 1 = 0$, $3x - 4y + 32 = 0, 4x + 3y - 24 = 0, 3x - 4y + 7 = 0$ e $x + 7y - 31 = 0$ **414** $3x - 4y + 15 = 0, 4x + 3y - 30 = 0, 3x - 4y - 10 = 0$ e $4x + 3y - 5 = 0$ **415** $2x + y - 16 = 0, 2x + y + 14 = 0$ e $x - 2y - 18 = 0$ **416** $29x - 2y + 33 = 0$ **417** $(6, -6)$ **418** (BC) $3x + 4y - 22 = 0$, (CA) $2x - 7y - 5 = 0$, (CP) $3x + 5y - 23 = 0$ **419** $x + 2y - 7 = 0, x - 4y - 1 = 0$ e $x - y + 2 = 0$ **420** $3x - 5y - 13 = 0, 8x - 3y + 17 = 0$ e $5x + 2y - 1 = 0$ **421** $2x - y + 3 = 0, 2x + y - 7 = 0$ e $x - 2y - 6 = 0$ **422** $4x - 3y + 10 = 0, 7x + y - 20 = 0$ e $3x + 4y - 5 = 0$ **423** $4x + 7y - 1 = 0, y - 3 = 0$ e $4x + 3y - 5 = 0$ **424** $3x + 7y - 5 = 0, 3x + 2y - 10 = 0$ e $9x + 11y + 5 = 0$ **425** $x - 3y - 23 = 0, 7x + 9y + 19 = 0$ e $4x + 3y + 13 = 0$ **426** $x + y - 7 = 0, x + 7y + 5 = 0$ e $x - 8y + 20 = 0$ **427** $2x + 9y - 65 = 0, 6x - 7y - 25 = 0$ e $18x + 13y - 41 = 0$ **428** $x + 2y = 0$ ou $23x + 25y = 0$

TESTES DE VESTIBULARES

1 (U.F.MG) Se A = (0, 0), B = (1, 0), C = (1, 1) e D = (0, 1) são os vértices de um quadrado e P = $\left(\frac{1}{3}, \frac{1}{3}\right)$ então P pertence:

a) ao lado $\overline{AB}$
b) ao lado $\overline{BC}$
c) ao lado $\overline{CD}$
d) à diagonal $\overline{AC}$
e) à diagonal $\overline{BD}$

2 (CESGRANRIO) A distância entre os pontos de coordenadas (– 3, – 5) e (– 3, 9) é:

a) 4
b) 9
c) 12
d) 14
e) 15

3 (U.F.RN) De acordo com a figura ao lado, a distância entre os pontos A e B vale:

a) $\sqrt{2}$ e
b) $2\sqrt{e}$
c) $\sqrt{2}$ (e – 1)
d) $\sqrt{2}$ (1 – e)
e) $\sqrt{2}$ e – 1

4 ((PUC-SP) O triângulo de vértices A = (4, 3), B = (6, – 2), C = (– 11, – 3) é:

a) equilátero
b) isósceles
c) acutângulo
d) obtusângulo
d) retângulo

5 (U.F.PA) A distância do ponto A(m, 1) ao ponto B(4, 0) é de $2\sqrt{2}$ unidades. Qual o valor de m?

a) $2 \pm \sqrt{7}$
b) $2 \pm 4\sqrt{7}$
c) 8
d) $4 \pm \sqrt{7}$
e) $4 \pm 2\sqrt{7}$

6 (U.E.CE) Dois vértices opostos de um quadrado estão nos pontos A(3, – 4) e B(9, – 4). A soma da abscissas dos outros dois vértices é:

a) 15
b) 12
c) 13
d) 14

7 (U.F.MG) A área de um quadrado que tem A = (4, 8) e B = (– 2, 2) como vértices opostos é:

a) 36
b) 20
c) 18
d) 16
e) 12

8 (U.F.RS) Os pontos médios dos lados do quadrado ABCD, com A = (1, 2) e B = (4, 2), são vértices do quadrado de área igual a:

a) 9
b) $\frac{9}{2}$
c) 3
d) $\frac{3}{2}$
e) $\frac{3}{4}$

9 (U.F.PR) Um ponto **P** divide o segmento orientado MN na razão $\frac{PM}{PN} = -2$. Sendo P(3, 0) e M(– 3, 2), então N é o ponto de coordenadas:

a) (1, 4)
b) (6, – 1)
c) (3, 2)
d) (– 1, 6)
e) (2, 3)

10 (U.F.GO) Se pontos A(1, 0), B(a, b) e C(0, 1) estão alinhados, então:

a) b = a + 1
b) a + b = 1
c) a – b = 2
d) a · b = – 1
e) $\frac{a}{b} = 1$

11 (PUC.SP) A = (3, 5), B = (1, – 1) e C = (x, – 16), pertencem à uma mesma reta, se x for igual a:

a) – 5
b) – 1
c) – 3
d) – 4
e) – 2

12 (PUC.SP) Os pontos A(k, 0), B(1, – 2) e C(3, 2) são vértices de um triângulo. Então, necessariamente:
a) k = – 1
b) k = – 2
c) k = 2
d) k ≠ – 2
e) k ≠ 2

13 (U.F.GO) Dentre os pontos (0, 3), (2, 0), (1, – 2), (1, 3), (1, 0), somente um está no interior do triângulo cujos vértices são (1, 3), (– 2, 1) e (2, – 1). Este ponto é:
a) (0, 3)
b) (2, 0)
c) (1, – 2)
d) (1, 3)
e) (1, 0)

14 (F.G.V.) Dados, num sistema de coordenadas cartesianas, os pontos A = (1, 2), B = (2, – 2) e C = (4, 3), a equação da reta que passa por A e pelo ponto médio do segmento BC é:
a) 3x + 4y = 11
b) 4x + $\frac{7}{2}$y = 11
c) x + 3y = 7
d) 3x + 2y = 7
e) x + 2y = 5

15 (U.MACK) A equação da reta r é:
a) y + 2x – 2 = 0
b) y – x – 2 = 0
c) y + 2x + 2 = 0
d) y – 2y – 2 = 0
e) y – 2x + 2 = 0

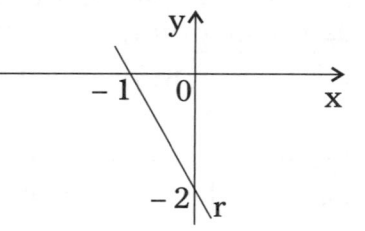

16 (U.F.PA) Determine a equação da reta cuja representação gráfica é:
a) y = 2(x + 2)
b) y = – 2(x + 2)
c) y = $\frac{1}{2}$(x + 2)
d) y = – $\frac{1}{2}$(x + 2)
e) y = $\frac{1}{2}$(x – 2)

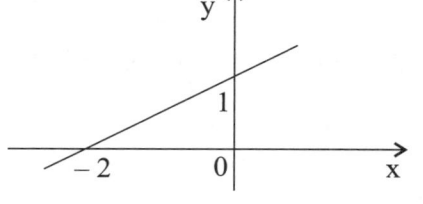

17 (EAESP.FGV) A equação da reta passando pelos pontos A e B da figura abaixo é:
a) 3x – y + 4 = 0
b) x – 3y + 4 = 0
c) 2x – 3y + 6 = 0
d) x – y = 0
e) $\sqrt{2}$x + $\sqrt{2}$y + 1 = 0

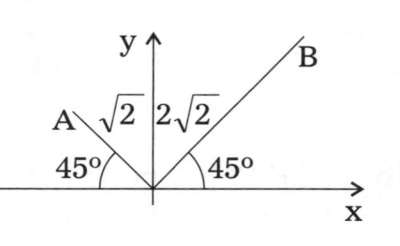

18 (U.F.PA) Uma reta forma com o eixo dos x um ângulo de 45° e passa pelo ponto B(0,1). Então sua equação é:
a) y = x – 1
b) y = x
c) y = x + 1
c) y = $\frac{1}{2}$x + 1
e) y = $\frac{\sqrt{2}}{2}$x + 1

19 (FGV) Determinar a equação da reta r da figura:
a) y = 3x
b) y = $\frac{5x}{18}$
c) y = 3x + 5
d) y = $\frac{3x}{4}$
e) y = 4x + 2

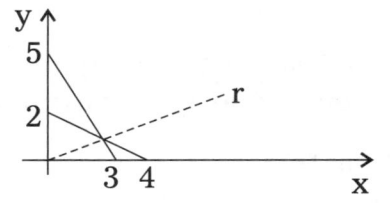

20 (PUC.RS) A reta de equação x + 3y – 2 = 0 intercepta os eixos Ox e Oy, respectivamente, nos pontos:
a) (2, 0) e (0, 3)
b) (2, 0) e $\left(0, \frac{2}{3}\right)$
c) (– 2, 0) e $\left(0, \frac{2}{3}\right)$
d) (2, 0) e $\left(0, -\frac{2}{3}\right)$
e) (2, 0) e $\left(0, \frac{3}{2}\right)$

21 (V.UNIF.RS) As retas **r** e **s** da figura interceptam-se no ponto de ordenada:

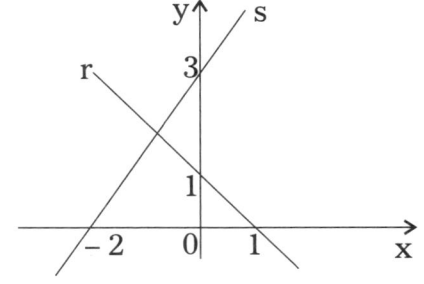

a) $\dfrac{3}{2}$　　　b) $\dfrac{5}{3}$　　　c) $\dfrac{7}{4}$

d) $\dfrac{9}{5}$　　　e) $\dfrac{11}{6}$

22 (U.MACK) A abscissa do ponto, pertencente à reta $y = 2x + 1$ e equidistante dos pontos $(0, 0)$ e $(2, -2)$, é:

a) 2　　　b) -2　　　c) -3　　　d) $-\dfrac{1}{2}$　　　e) $-\dfrac{1}{3}$

23 (FGV) Para que valores de a a intersecção da reta $y = a(x + 2)$ com a reta $y = -x + 2$ se dá no quadrante $x \geqslant 0, y \geqslant 0$?

a) $1 \leqslant a \leqslant 2$　　b) $0 \leqslant a \leqslant 1$　　c) $a \leqslant -2$ ou $a \geqslant 2$　　d) $a \leqslant -1$　　e) $a \geqslant -2$

24 (FGV) Os valores de **k**, para os quais as retas $x + 2y - 2k = 0$, $kx - y - 3 = 0$ e $2x - 2y - k = 0$ são concorrentes num mesmo ponto, são:

a) -2 e $\dfrac{3}{2}$　　b) $\dfrac{1}{2}$ e 3　　c) 2 e $\dfrac{3}{2}$　　d) 2 e $-\dfrac{3}{2}$　　e) $\dfrac{1}{2}$ e $\dfrac{3}{2}$

25 (U.F.GO) Para que as retas
$$\begin{cases} 6my + 3nx = -13 \\ 10my + \dfrac{3}{2}nx = -17 \end{cases}$$

passem pelo ponto $(2, -3)$ os valores de **m** e **n** devem ser, respectivamente:

a) $\dfrac{1}{2}$ e $-\dfrac{2}{3}$　　b) 2 e -3　　c) $\dfrac{1}{2}$ e $\dfrac{2}{3}$　　d) 3 e -2　　e) $\dfrac{1}{3}$ e $\dfrac{3}{2}$

26 (U.E.CE) O perímetro do triângulo formado pelas intersecções das retas $x + y - 6 = 0$, $x = 1$ e $y = 1$ é igual a:

a) $2(1 + \sqrt{2})$　　b) $4(2 + \sqrt{2})$　　c) $4(1 + \sqrt{2})$　　d) $2(2 + \sqrt{2})$

27 (F.C.M.STA.CASA) As retas **r** e **s** são definidas por $y = 2x + 1$ e $3y + 2x - 2 = 0$. A reta vertical que contém o ponto de intersecção de **r** e **s** é definida por:

a) $x = -\dfrac{3}{8}$　　　b) $y = \dfrac{1}{4}$　　　c) $x = -\dfrac{1}{4}$

d) $x = \dfrac{3}{8}$　　　e) $8y - 8x + 5 = 0$

28 (U.MACK) O conjunto dos pontos $P = (x, y)$ cujas coordenadas satisfazem a condição sen $x =$ sen y, é constituído pelos pontos:

a) de uma reta

b) de duas retas concorrentes, mas não perpendiculares

c) de duas retas perpendiculares

d) de uma família de retas paralelas

e) de duas famílias, com direções distintas, de retas paralelas

29 (E.E.MAUÁ) Dado o feixe de retas α(x − 2y + 42) + β(12x + y + 54) = 0 pergunta-se:
As equações das retas desse feixe que formam com os eixos coordenados ortogonais um triângulo retângulo de área igual a 9 unidades são:

a) 21x + 8y − 18 = 0 e 11x + 3y + 12 = 0
b) 2x + y − 6 = 0 e 9x + 2y + 18 = 0
c) 18x + y − 18 = 0 e x + 18y − 18 = 0
d) nenhuma das respostas anteriores

30 (U.F.BA) Na figura ao lado, a equação segmentária da reta **s** é:

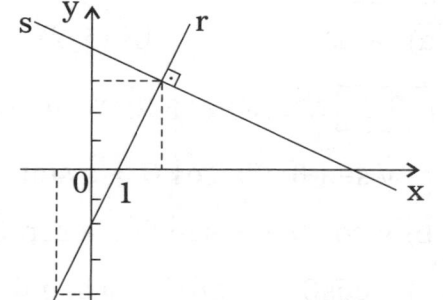

a) y − x = 1
b) 3y − 7x + 5 = 0
c) $\dfrac{x}{7} + \dfrac{y}{3} = \dfrac{9}{7}$
d) $\dfrac{x}{9} + \dfrac{y}{\frac{27}{7}} = 1$
e) $y = -\dfrac{3}{7}x + \dfrac{27}{7}$

31 (U.F.PA) Em um sistema cartesiano ortogonal, o coeficiente angular de uma reta é igual a $\dfrac{1}{2}$ e a reta passa pela origem. Qual a equação desta reta?

a) y = − 2x
b) y = − x
c) $y = -\dfrac{1}{2}x$
d) $y = \dfrac{1}{2}x$
e) y = 2x

32 (U.FORTALEZA) Se f : $\mathbb{R} \to \mathbb{R}$ é dada por f(x) = Ax + B, onde A e B são números reais, a expressão $\dfrac{f(p) - f(p)}{p - q}$ onde p e q são reais distintos, fornece:

a) o coeficiente angular de f
b) o parâmetro linear de f
c) a raiz de f
d) o quadrado do zero de f

33 (FGV) Considere o gráfico. A equação de reta **r** é

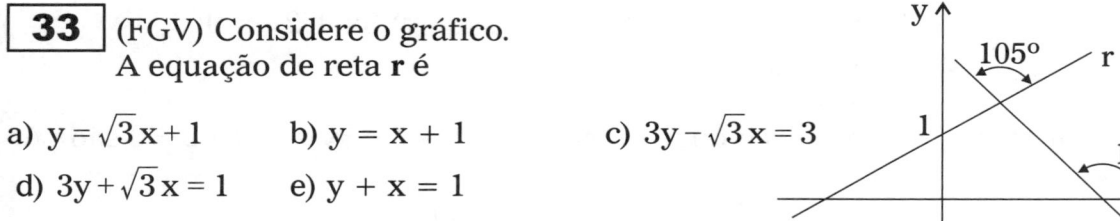

a) $y = \sqrt{3}x + 1$
b) y = x + 1
c) $3y - \sqrt{3}x = 3$
d) $3y + \sqrt{3}x = 1$
e) y + x = 1

34 (PUC.SP) Uma reta passa pelo ponto P = (1, − 4) e corta os eixos coordenados nos pontos A e B. Sabendo que $\dfrac{\overline{OA}}{\overline{OB}} = \dfrac{1}{2}$, então, a equação da reta é:

a) 2x + y + 4 = 0
b) 2x + y + 1 = 0
c) 2x + y − 1 = 0
d) 2x + y + 2 = 0
e) 2x + y − 2 = 0

35 (FGV) As retas **r** e **s** formam com os eixos coordenados triângulos de 6 unidades de área. Os coeficientes angulares dessas retas são iguais a $\dfrac{-3}{4}$. Suas equações são:

a) 4x + 3y − 12 = 0 e 4x + 3y + 12 = 0
b) 4x + 3y − 24 = 0 e 4x + 3y + 24 = 0
c) 3x + 4y − 12 = 0 e 3x + 4y + 12 = 0
d) 3x + 4y − 24 = 0 e 3x + 4y + 24 = 0
e) nenhuma das alternativas anteriores

Resp:
1	2	3	4	5	6	7	8	9	10
D	D	C	E	D	B	A	B	B	B

11	12	13	14	15	16	17	18	19	20
D	E	E	A	C	C	B	C	B	B

36 (PUC) A equação da reta com coeficiente angular igual a $\left(-\frac{4}{5}\right)$, e que passa pelo ponto P = (2, – 5), é:

a) 4x + 5y + 12 0
b) 4x + 5y + 24 = 0
c) 4x + 5y + 17 = 0
d) 4x + 5y + 16 = 0
e) 4x + 5y + 15 = 0

37 (U.MACK) A reta que passa pelo ponto A(2, 5) com declive $-\frac{3}{2}$, também passa pelo ponto:

a) (4, 2)   b) (5, 2)   c) (– 2, – 5)   d) (– 3, 2)   e) (2, 4)

38 (CESGRANRIO) Uma equação que representa a reta da figura é:

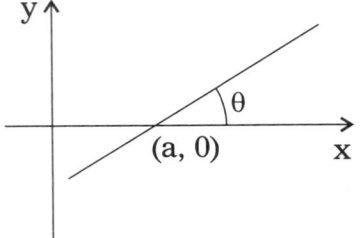

a) y sen θ + x cos θ + a sen θ = 0
b) y cos θ + x sen θ + a sen θ = 0
c) y cosθ – x sen θ + a sen θ
d) y sen θ – x cosθ + a senθ = 0
e) y – x cotg θ + a cotgθ = 0

39 (V. UNIF.RS) Os coeficientes angulares das retas r_1, r_2, ... estão em progressão artimética e os lineares em progressão geométrica, ambas de razão $\frac{1}{2}$. A reta r_2 contem os pontos (0, 4) e (2, 0). A equação da reta r_{10} é:

a) 2064x – 1032y + 7 = 0
b) 1032x – 2064y – 7 = 0
c) 128x – 64y + 1 = 0
d) 64x – 128y – 1 = 0
e) 400x + 128y + 1 = 0

40 (PUC.SP) A reta 3x – 2y – 5 = 0 é perpendicular a:

a) 2x – 3y = 5
b) 4x + 6y = 1
c) 3x + 2y = 0
d) 3x – 2y = 2
e) 6x – 4y = 10

41 (CESGRANRIO) O valor de α para o qual as retas 2y – x – 3 e 3y + αx – 2 = 0 são perpendiculares é

a) 6   b) $\frac{3}{2}$ c) 5   d) $-\frac{2}{3}$ e) $-\frac{3}{2}$

42 (U.F.PA) Qual a equação da reta que é perpendicular à reta y = x + 1 e passa pelo ponto A(0, 1)?

a) y = – x – 1   b) y = – x + 1   c) y = x – 1   d) y = x + 1   e) y = x + 2

43 (FGV) A equação da reta **s**, que passa pelo ponto **P**, na figura ao lado, é:

a) 2x + 5y = 2
b) 2x – 5y = 2
c) – 2x + 5y = 2
d) 5x + 2y = 5
e) 5x – 2y = 5

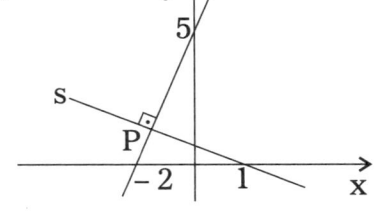

44 (U.F.PE) Seja **r** a reta que passa pelos pontos (0, 1) e (1, 0). Assinale a alternativa que corresponde à equação da reta **s** que passa pelo ponto (1, 2) e é perpendicular a reta **r**.

a) x + y = 1
b) x = y – 1
c) y = x + 1
d) x + y – 3 = 0
e) x + y + 3 = 0

45 (FGV) Dadas as retas $a \equiv x - 2y + 3 = 0$ e $b \equiv y = 1$, a reta perpendicular a a e passando pela interceção de **a** e **b** é:

a) $y + 2x + 1 = 0$
b) $y - 2x + 3 = 0$
c) $2y - x + 1 = 0$
d) $2y + x + 3 = 0$
e) $x + y - 2 = 0$

46 (FGV) Sabendo que o $\triangle ABC$ é um triângulo retângulo ($B = 90°$), calcular as coordenadas do vértice C.

a) $5, -2$
b) $3\frac{1}{2}, -2$
c) $4, -2$
d) $4\frac{1}{2}, -2$
e) n.d.a.

47 (U.F.SE) A equação da mediatriz do segmento de extremos nos pontos $(-2, 1)$ e $(0, -1)$ é:

a) $y = x - 1$ b) $y = x + 1$ c) $y = x$ d) $y = -x + 1$ e) $y = -x - 1$

48 (F.C.M.STA.CASA) O simétrico do ponto $(-1, 1)$, em relação à reta de equação $y = 2x$, é o ponto:

a) $(-7, 1)$ b) $\left(-\frac{1}{5}, \frac{7}{5}\right)$ c) $\left(-\frac{7}{5}, \frac{1}{5}\right)$ d) $\left(\frac{7}{5}, -\frac{1}{5}\right)$ e) $(7, -1)$

49 (U.F.PE) A hipotenusa de um triângulo retângulo ABC está sobre a reta $2x + 3y = 5$. O vértice A do ângulo reto é o ponto $(1, -1)$. O vértice B tem abscissa -2. A abscissa do vértice C é:

a) 2 b) $\frac{7}{3}$ c) $\frac{41}{17}$ d) $\frac{5}{3}$ e) $\frac{5}{2}$

50 (V.UNIF.RS) Os vértices de um triângulo são os pontos $A = (-1, 2)$, $B = (5, 1)$ e $C = (3, 6)$. O coeficiente linear da reta que passa por C e pelo ortocentro do triângulo é:

a) -24 b) -12 c) -10 d) -6 e) 6

51 (F.C.M.STA.CASA) O triângulo ABC é tal que **A** é a origem do sistema de coordenadas, **B** e **C** estão no 1º quadrante e $\overline{AB} = BC$. A reta s, que contém a altura do triângulo traçada por B, intercepta $\overline{AC}$ no ponto M. Sendo $M(2, 1)$ e $C(x, y)$, então $x + y$ é igual a:

a) 3 b) 5 c) 6 d) 7 e) 9

52 (U.E.BA) Um quadrado ABCD, cujo lado mede $2\sqrt{5}$ cm, tem seu vértice A na origem, seu lado $\overline{AB}$ na reta de equação $y = 2x$ e seu vértice B no 1º quadrante. Se o vértice C é consecutivo ao vértice B, a equação da reta que contém o lado $\overline{BC}$ é:

a) $y = -\frac{1}{2}x$
b) $y = -\frac{1}{2}x + 5$
c) $y = -x + 10$
d) $y = -\frac{1}{2}x + 4$
e) $x = 0$

53 (U.F.RS) As retas paralelas $y = ax + 2$ e $y = (5 + 2b)x - 1$ são perpendiculares à reta $y = \frac{2}{b}x + 3$, com $a \in \mathbb{R}$ e $b \in \mathbb{R}^*$. O valor de $a + b$ é:

a) -2 b) -1 c) 0 d) 1 e) 2

54 (U.E.LONDRINA) Seja **r** a reta que contém o ponto $(2, 1)$ e é perpendicular à reta de equação $\frac{x}{3} + \frac{y}{2} = 1$. Se a equação de r é $ax + by + c = 0$, então $\frac{c}{b}$ é igual a:

a) $-\frac{3}{4}$ b) $-\frac{2}{3}$ c) $-\frac{1}{2}$ d) $\frac{1}{2}$ e) 2

Resp: **21** D **22** C **23** B **24** D **25** A **26** B **27** C **28** E
29 B **30** D **31** D **32** A **33** C **34** D **35** C

55 (U.F.RS) A tangente do ângulo agudo formado pelas retas $x - y + 2 = 0$ e $3x + y + 1 = 0$ é:

a) $\frac{1}{2}$ b) -2 c) 2 d) -4 e) 4

56 (U.F.UBERLÂNDIA) O ângulo agudo formado pelas retas $y = 3x + 10$ e $y = -2x + 5$ vale:

a) $45°$ b) $30°$ c) $60°$ d) $75°$ e) $15°$

57 (U.F.PA) Uma circunferência tem centro no ponto $C(2, -1)$ e raio igual a $\sqrt{2}$. Qual é a equação desta circunferência?

a) $(x - 2)^2 + (y + 1)^2 = \sqrt{2}$ b) $(x - 2)^2 + (y + 1)^2 = 2$ c) $(x + 1)^2 + (y - 2)^2 = \sqrt{2}$
d) $(x + 2)^2 + (y + 1)^2 = 2$ e) $(x - 2)^2 + (y - 1)^2 = \sqrt{2}$

58 (U.E.LONDRINA) Sejam $A(-2, 1)$ e $B(0, -3)$ as extremidades de um diâmetro de uma circunferência (λ). A equação de (λ) é:

a) $(x + 1)^2 + (y + 1)^2 = 5$ b) $(x + 1)^2 + (y + 1)^2 = 20$
c) $(x - 1)^2 + (y - 1)^2 = 5$ d) $(x + 1)^2 + (y - 1)^2 = 20$ e) $(x - 1)^2 + (y + 1)^2 = 5$

59 (U.F.PE) Assinale a alternativa que corresponde à equação de circunferência cujo raio mede 2 cm e tangencia os dois semi-eixos positivos

a) $x^2 + y^2 - 4x - 4y + 4 = 0$ b) $5x^2 + 5y^2 - 80y + 320 = 0$
c) $x^2 + y^2 - 4x - 4y + 8 = 0$ d) $2x^2 + 2y^2 + 3x - 3y + 7 = 0$ e) $x^2 + y^2 + 8 = 0$

60 (PUC.SP) O ponto da circunferência $(x - 2)^2 + (y + 4)^2 = 4$ que tem ordenada máxima, é:

a) $2, -4)$ b) $(2, -2)$ c) $(2, -6)$ d) $(-4, 2)$ e) $(-4, 4)$

61 (CESGRANRIO) Qual o raio da circunferência de equação $x^2 + y^2 + 6x = 0$ é:

a) 0 b) 1 c) 3 d) 5 e) 6

62 (U.F.PA) Qual é o raio da circunferência de equação $x^2 + y^2 - 2x - 4y = -3$?

a) $\sqrt{2}$ b) $\sqrt{3}$ c) 2 d) 3 e) 4

63 (U.MACK) O centro da circunferência $x^2 + y^2 - 6x - 16 = 0$ é o ponto:

a) $(-3, 0)$ b) $(0, 3)$ c) $(6, 0)$ d) $(3, 0)$ e) $(0, 0)$

64 (U.MACK) São dadas a reta r de equação $x + 2y - 1 = 0$ e a circunferência de equação $2x^2 + 2y^2 + 4x + \frac{3}{2}$. A reta **s** passa pelo centro da circunferência e é perpendicular à reta r. A área do triângulo formado pelas retas **r**, **s** e o eixo Ox é igual a:

a) $\frac{3}{4}$ b) $\frac{4}{5}$ c) 1 d) $\frac{4}{3}$ e) $\frac{5}{4}$

65 (EAESP.FGV) A equação da reta que passa pelos centros das circunferências
$C_1: x^2 + y^2 - 6y + 5 = 0$ e $C_2: x^2 + y^2 + 2x - 5 = 0$ é:

a) $y = 3x + 3$ b) $y = -3x + 3$ c) $y = 3x + 1$
d) $y = x + 3$ e) $y = -x + 1$

66 (U.F.RS) A distância entre o ponto de intersecção das retas $y = 5$ e $3x + 2y - 1 = 0$ e o centro da circunferência $x^2 + y^2 - 4x + 6y - 1 = 0$ é

a) $\sqrt{5}$ b) $\sqrt{29}$ c) $\sqrt{40}$ d) $\sqrt{85}$ e) $\sqrt{89}$

67 (PUC.RS) A circunferência de equação $x^2 + y^2 - 8x + 6y + 22 = 0$ limita um círculo cuja área é:

a) 3π b) 6π c) 9π d) 11π e) 22π

68 (F.C.M.STA.CASA) Seja (λ) uma circunferência cujo centro pertence ao eixo das abscissas. Se as extremidades de uma de suas cordas são os pontos (2, 2) e (8, 4), a área da superfície plana limitada por (λ) é igual a:

a) $2\sqrt{5}\pi$ b) $4\sqrt{10}\pi$ c) 20π d) 36π e) 40π

69 (U.MACK) A sequência de circunferências (I_n) $n \in \mathbb{N}$ tal que

Por assim: I_1 é dada por $x^2 + y^2 = 2x$, I_2 é dada por $x^2 + y^2 = 3x$

I_3 é dada por $x^2 + y^2 = \frac{7}{2}x$, I_4 é dada por $x^2 + y^2 = \frac{15}{4}x$, ...

tende para uma circunferência I cuja equação é:

a) $x^2 + y^2 = 4x$ b) $x^2 + y^2 = 16x$ c) $x^2 + y^2 = 4$

d) $x^2 + y^2 = 6x$ e) não sei

70 (U.F.PA) Qual das equações abaixo é a equação de uma circunferência?

a) $x^2 + y^2 + 1 = 0$ b) $x^2 + y^2 + 2x + 2y + 4 = 0$

c) $x^2 + y^2 + 2xy + 2x + 4y = 64$ d) $x^2 + y^2 + 2x - 4y = -4$ e) $x^2 + 2xy + y^2 = 3^2$

71 (U.MACK) O maior valor inteiro de **k** para que a equação $x^2 + y^2 + 4x - 6y + k = 0$ represente uma circunferência é:

a) 10 b) 12 c) 13 d) 15 e) 16

72 (PUC.SP) Quantos são os pontos que têm coordenadas inteiras e são interiores à circunferência de equação $x^2 + y^2 = 6$?

a) 9 b) 13 c) 18 d) 21 e) 25

73 (FGV) Sejam **m** e **n** números reais e $\begin{cases} 3x + my = n \\ x + 2y = 1 \end{cases}$ um sistema de equações nas incógnitas **x** e **y**. A respeito da representação geométrica desse sistema no plano cartesiano, é correto afirmar que, necessariamente, é formada por duas retas

a) paralelas distintas, se m = 6 e n ≠ 3.

b) paralelas coincidentes, se m = 6 e n ≠ 3.

c) paralelas distintas, se m = 6.

d) paralelas coincidentes, se n = 3.

e) concorrentes, se m ≠ 0.

Resp: 36 C | 37 A | 38 C | 39 D | 40 B | 41 A | 42 B | 43 A | 44 C | 45 A
46 C | 47 B | 48 D | 49 C | 50 B | 51 C | 52 B | 53 B | 54 E

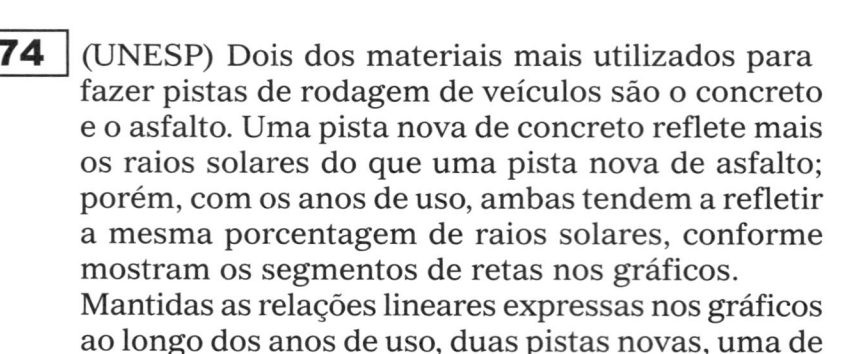

74 (UNESP) Dois dos materiais mais utilizados para fazer pistas de rodagem de veículos são o concreto e o asfalto. Uma pista nova de concreto reflete mais os raios solares do que uma pista nova de asfalto; porém, com os anos de uso, ambas tendem a refletir a mesma porcentagem de raios solares, conforme mostram os segmentos de retas nos gráficos.
Mantidas as relações lineares expressas nos gráficos ao longo dos anos de uso, duas pistas novas, uma de concreto e outra de asfalto, atingirão pela primeira vez a mesma porcentagem de reflexão dos raios solares após

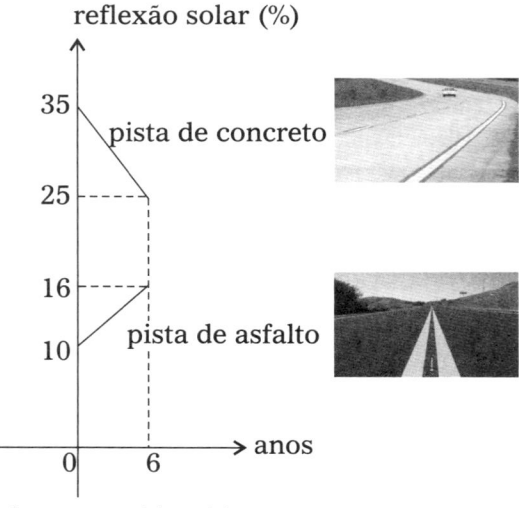

a) 8,225 anos b) 9,375 anos c) 10,025 anos
d) 10,175 anos e) 9,625 anos

(www.epa.gov.Adaptado)

75 (UNICAMP) No plano cartesiano, sejam **C** a circunferência de centro na origem e raio $r > 0$ e s a reta de equação $x + 3y = 10$. A reta s intercepta a circunferência C em dois pontos distintos se e somente se

a) $r > 2$ b) $r > \sqrt{5}$ c) $r > 3$ d) $r > \sqrt{10}$

76 (MACKENZIE) Os valores de a para os quais as circunferências de equações $(x - 3)^2 + (y - 2)^2 = 1$ e $(x - a)^2 + (y + 2)^2 = 16$ são tangentes exteriormente são

a) –2 e 8 b) 2 e 8 c) –8 e 2 d) 0 e 6 e) –6 e 0

77 (MACKENZIE) A equação da reta que corta o eixo das ordenadas no ponto $P = (0, -6)$ e que tangencia a circunferência $x^2 + y^2 = 4$ no quarto quadrante é

a) $y = -2\sqrt{2}x + 6$ b) $y = 2\sqrt{2}x - 6$ c) $y = 2\sqrt{2}x + 6$
d) $y = 4x - 6$ e) $y = -4x + 6$

78 (FGV) Os pontos de coordenadas cartesianas (2, 3) e (–1, 2) pertencem a uma circunferência. Uma reta que passa necesseriamente, pelo centro dessa circunferência tem equação

a) $3x - y + 9 = 0$ b) $3x + y - 9 = 0$ c) $3x + y - 4 = 0$
d) $x + 3y - 4 = 0$ e) $x + 3y - 9 = 0$

79 (FGV) Os pontos A(0, 1), B(1, 1), C(1, 0) e D(–k, –k), com $k > 0$, formam o quadrilátero convexo ABCD, com eixo de simetria sobre a bissetriz dos quadrantes ímpares.
O valor de **k** para que o quadrilátero ABCD seja dividido em dois polígonos de mesma área pelo eixo y é igual a

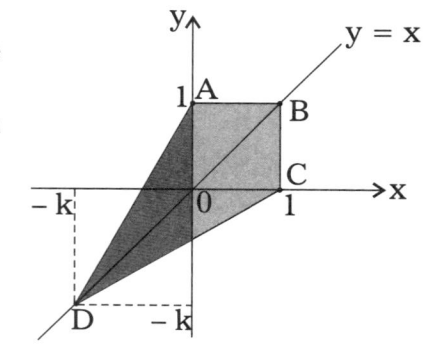

a) $\dfrac{2+\sqrt{5}}{4}$ b) $\dfrac{3+\sqrt{2}}{4}$ c) $\dfrac{1+\sqrt{2}}{2}$
d) $\dfrac{1+\sqrt{3}}{2}$ e) $\dfrac{1+\sqrt{5}}{2}$

80 (MACKENZIE) A equação da mediatriz do segmento que une os pontos $P = (1, -2)$ e $Q = (5, 4)$ é

a) $2x + 3y - 9 = 0$ b) $2x - 3y + 9 = 0$ c) $2x - 3y - 3 = 0$
d) $3x - 2y - 7 = 0$ e) $3x + 2y - 11 = 0$

81 (FGV) Os pares (x, y) dados abaixo pertencem a uma reta (r) do plano cartesiano:

x	-4	-2	0	2	4
y	-24	-14	-4	6	16

Podemos afirmar que

a) a reta (r) intercepta o eixo das abscissas no ponto de abscissa – 4.

b) o coeficiente angular da reta (r) é – 5.

c) a reta (r) determina com os eixos cartesianos um triângulo de área 1,6.

d) y será positivo se, e somente se, $x > \dfrac{-4}{5}$.

e) A reta (r) intercepta o eixo dos ordenadas no ponto de abscissa $\dfrac{4}{5}$.

82 (UNICAMP) Considere a circunferência de equação cartesiana $x^2 + y^2 = x - y$. Qual das equações a seguir representa uma reta que divide essa circunferência em duas partes iguais?

a) $x + y = -1$ b) $x - y = -1$ c) $x - y = 1$ d) $x + y = 1$

83 (MACKENZIE) Duas pessoas patinam sobre o gelo descrevendo trajetórias circulares. As circunferências descritas por elas são dadas pelas equações $(x + 3)^2 + (y + 1)^2 = 10$ e $(x + 3)^2 + y^2 = 13$, respectivamente. A distância entre os dois pontos de interseção das circunferências é

a) 3   b) 4   c) 5   d) 6   e) 7

84 (FUVEST) Duas circunferências com raios 1 e 2 têm centros no primeiro quadrante do plano cartesiano e ambas tangenciam os dois eixos coordenados. Essas circunferências se interceptam em dois pontos distintos de coordenadas (x_1, y_1) e (x_2, y_2).
O valor de $(x_1 + y_1)^2 + (x_2 + y_2)^2$ é igual a

a) $\dfrac{5}{2}$ b) $\dfrac{7}{2}$ c) $\dfrac{9}{2}$ d) $\dfrac{11}{2}$ e) $\dfrac{13}{2}$

85 (FGV) Na representação gráfica do sistema de equações $\begin{cases} x^2 + y^2 = 4 \\ 4x^2 - y = 2 \end{cases}$ no plano cartesiano, uma das soluções (0, – 2). A distância entre os pontos que representam as duas outras soluções desse sistema é igual a

a) $\sqrt{14}$ b) $\dfrac{7}{2}$ c) $\dfrac{\sqrt{15}}{2}$ d) $\dfrac{\sqrt{14}}{2}$ e) $\dfrac{3}{2}$

86 (FGV) O comprimento do segmento determinado pelos pontos de intersecção das parábolas de equações $y = x^2 - 8x + 3$ e $y = -4x^2 + 2x + 3$ é:

a) $2\sqrt{37}$ b) $3\sqrt{41}$ c) $\dfrac{7}{2}\sqrt{43}$ d) $\dfrac{5}{2}\sqrt{39}$ e) $4\sqrt{45}$

87 (FGV) O ponto da reta $x - 3y = 5$ que é mais próximo ao ponto (1, 3) tem coordenadas cuja soma é:

a) 1,6   b) 1,2   c) 1,0   d) 1,4   e) 0,8

Resp: 55 C | 56 A | 57 B | 58 A | 59 A | 60 B | 61 C | 62 A | 63 D | 64 B
65 A | 66 E | 67 A | 68 C | 69 A | 70 D | 71 B | 72 D | 73 A

88 (UNICAMP) Considere o círculo de equação cartesiana $x^2 + y^2 = ax + by$, onde **a** e **b** são números reais não nulos. O número de pontos em que esse círculo intercepta os eixos coordenados é igual a

a) 1 b) 2 c) 3 d) 4

89 (FGV) O número de pares ordenados (x, y), com **x** e **y** inteiros, que satisfazem a desigualdade $x^2 + y^2 - 8x + 11 \leq 0$ é igual a

a) 24 b) 21 c) 19 d) 18 e) 13

90 (FUVEST) A equação $x^2 + 2x + y^2 + my = n$, em que m e n são constantes, representa uma circunferência no plano cartesiano. Sabe-se que a reta $y = -x + 1$ contém o centro da circunferência e a intersecta no ponto $(-3, 4)$.
Os valores de **m** e **n** são, respectivamente,

a) – 4 e 3 b) 4 e 5 c) – 4 e 2 d) – 2 e 4 e) 2 e 3

91 (UNICAMP) No plano cartesiano, a equação $|x - y| = |x + y|$ representa

a) um ponto.
b) uma reta.
c) um par de retas paralelas.
d) um par de retas concorrentes.

92 (FGV) Observe as coordenadas cartesianas de cinco pontos:

A(0, 100), B(0, – 100), C(10, 100), D(10, – 100), E(100, 0).

Se a reta de equação reduzida $y = mx + n$ é tal que $mn > 0$, então, dos cinco pontos dados anteriormente, o único que certamente não pertence ao gráfico dessa reta é

a) A. b) B. c) C. d) D. e) E.

93 (MACKENZIE) Há duas circunferências secantes λ_1 e λ_2, de equações $(x - 1)^2 + y^2 = 5$ e $(x - 3)^2 + (y - 2)^2 = 1$, respectivamente. A equação da reta que passa pelos pontos de interseção de λ_1 e λ_2 é

a) $x + y - 4 = 0$ b) $x + y + 4 = 0$ c) $x - y - 6 = 0$
d) $x + y + 8 = 0$ e) $x - y - 8 = 0$

94 (FGV) Os pontos A(3, – 2) e C(– 1, 4) do plano cartesiano são vértices de um quadrado ABCD cujas diagonais são AC e BD. A reta suporte da diagonal BD intercepta o eixo das ordenadas no ponto de ordenada:

a) $\frac{2}{3}$ b) $\frac{3}{5}$ c) $\frac{1}{2}$ d) $\frac{1}{3}$ e) 0

95 (UNICAMP) No plano cartesiano, a reta de equação $2x - 3y = 12$ intercepta os eixos coordenados nos pontos A e B. O ponto médio do segmento AB tem coordenadas

a) $\left(4, \frac{4}{3}\right)$ b) (3, 2) c) $\left(4, -\frac{4}{3}\right)$ d) (3, – 2)

96 (FUVEST) Considere o triângulo ABC no plano cartesiano com vértices A = (0, 0), B = (3, 4) e C = (8, 0). O retângulo MNPQ tem os vértices M e N sobre o eixo das abscissas, o vértice Q sobre o lado AB e o vértice P sobre o lado BC. Dentre todos os retângulos construídos desse modo, o que tem área máxima é aquele em que o ponto P é

a) $\left(4, \frac{16}{5}\right)$ b) $\left(\frac{17}{4}, 3\right)$ c) $\left(5, \frac{12}{5}\right)$ d) $\left(\frac{11}{2}, 2\right)$ e) $\left(6, \frac{8}{5}\right)$

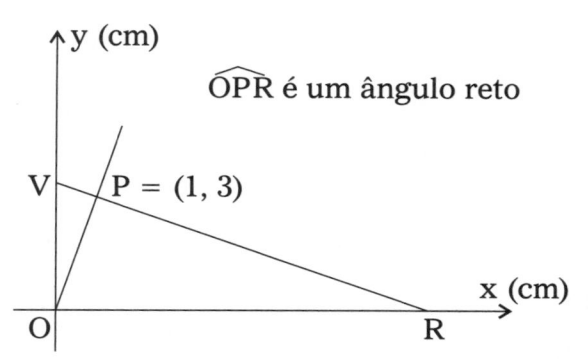

97 (MACKENZIE) Na figura abaixo, a área, em cm², do triângulo ORV é

a) $\dfrac{50}{3}$ b) $\dfrac{25}{3}$ c) $\dfrac{10}{3}$

d) $\dfrac{2}{3}$ e) $\dfrac{1}{3}$

$\widehat{OPR}$ é um ângulo reto

V, P = (1, 3), O, R, y (cm), x (cm)

98 (MACKENZIE) Vitória-régia é uma planta aquática típica da região amazônica. Suas folhas são grandes e têm formato circular, com uma capacidade notável de flutuação, graças aos compartimentos de ar em sua face inferior. Em um belo dia, um sapo estava sobre uma folha de vitória-régia, cuja borda obedece à equação $x^2 + y^2 + 2x + y + 1 = 0$, apreciando a paisagem ao seu redor. Percebendo que a folha que flutuava à sua frente era maior e mais bonita, resolveu pular para essa folha, cuja borda é descrita pela equação $x^2 + y^2 - 2x - 3y + 1 = 0$.
A distância linear mínima que o sapo deve percorrer em um salto para não cair na água é

a) $2(\sqrt{2}-1)$ b) 2   c) $2\sqrt{2}$ d) $\sqrt{2}-2$ e) $\sqrt{5}$

99 (FUVEST) São dados, no plano cartesiano, o ponto **P** de coordenadas (3, 6) e a circunferência C de equação $(x-1)^2 + (y-2)^2 = 1$. Uma reta t passa por P e é tangente a **C** em um ponto Q. Então a distância de **P** a **Q** é

a) $\sqrt{15}$ b) $\sqrt{17}$ c) $\sqrt{18}$ d) $\sqrt{19}$ e) $\sqrt{20}$

100 (FGV) No plano cartesiano, considere o triângulo de vértices A(1, 4), B(4, 5) e C(6, 2). A reta suporte da altura relativa ao lado $\overline{AC}$ intercepta o eixo x no ponto de abscissa.

a) 2   b) 2,2   c) 2,4   d) 2,6   e) 2,8

101 (FGV) O conjunto S contém apenas pontos (x, y) do plano cartesiano ortogonal de origem (0, 0). Se um ponto qualquer P pertence a S, então também pertencem a **S** o seu simétrico em relação à reta y = x, o seu simétrico em relação ao eixo x e o seu simétrico em relação ao eixo y. Se os pontos (0, 0), (2, 0), (0, 3) e (2, 3) pertencem a S, o menor número de elementos que o conjunto S pode ter é

a) 7   b) 8   c) 13   d) 16   e) 17

102 (MACKENZIE) As raízes reais da equação $x^4 - 1 = 0$, dipostas em ordem crescente, formam, respectivamente, os coeficientes **a** e **b** da reta r: $ax + by + 1 = 0$. A equação da reta **s**, perpendicular à **r** e que passa pelo ponto P(1, 2), será

a) $x - y + 3 = 0$ b) $-x + y - 1 = 0$ c) $x + y - 3 = 0$
d) $-2x + y + 1 = 0$ e) $2x - y - 3 = 0$

103 (FGV) Sendo m o maior valor real que **x** pode assumir na equação analítica $(x-2)^2 + 4(y+5)^2 = 36$, e n o maior valor real que **y** pode assumir nessa mesma equação, então, m + n é igual a

a) 8.   b) 7.   c) 6.   d) 4.   e) 3.

Resp:
74	B	75	D	76	D	77	B	78	C	79	E	80	A	81	C	82	C	83	D
84	C	85	C	86	A	87	D	88	C	89	B	90	A	91	D	92	E	93	A
94	D	95	D	96	D	97	A	98	A	99	D	100	A	101	E	102	C	103	C

Impressão e Acabamento
Bartira
Gráfica
(011) 4393-2911